孩子的成功，來自爸爸1%的改變

The good father is
better than a good teacher

典馥眉 著

爸爸的態度，
決定孩子
的高度

成功雲 04

出 版 者／雲國際出版社
作　　者／典馥眉
總 編 輯／張朝雄
封面設計／黃聖文
排版美編／YangChwen
內文校對／李韻如
出版年度／2014年4月

孩子的成功，來自爸爸1%的改變

帳號／50017206 采舍國際有限公司
（郵撥購買，請另付一成郵資）
出版中心
／新北市中和區中山路2段366巷10號10樓
出版中心
／北京市大興區棗園北首邑上城40號樓2單元709室
／（02）2248-7896
／（02）2248-7758

全球華文市場總代理／采舍國際
地址／新北市中和區中山路2段366巷10號3樓
電話／（02）8245-8786
傳真／（02）8245-8718

全系列書系特約展示／新絲路網路書店
地址／新北市中和區中山路2段366巷10號10樓
電話／（02）8245-9896
網址／www.silkbook.com

孩子的成功,來自爸爸1%的改變 / 典馥眉著. -- 初版. -新北市：雲國際, 2014.04
面；　公分
ISBN 978-986-271-457-7 (平裝)
1.父親 2.親子關係
544.141　　102025760

本書採減碳印製流程並使用優質中性紙（Acid & Alkali Free）最符環保需求。

Foreword 前言

身為子女的人，有曾想過該如何和爸爸媽媽開開心心的相處嗎？小時候我們大概都聽過一種說法，父母是每一個人生下來時，這世界送給我們最棒的禮物！但事實卻是——親子關係時常衝突不斷怒吼不休砲聲隆隆、努力想要表達感情結果往往話到舌尖又硬生生嚥下肚、長期疏離、想要對父母好卻苦無適當方法來解套……

幾曾何時，最棒的禮物居然變成一場——災難？親情，其實可以更溫馨、更優雅一點！

虎父無犬子

在現在不景氣的時代裡，身為家裡重要經濟支柱的爸爸們，肩上所要扛的壓力無比重大，在公司要忍受主管或老闆的壓榨，回到家早已經沒有體力和精神來與家人相處，更不用提要管教孩子了，若是不乖或成績不好，只能用打罵教育來對待，久而久之，孩子長大後，自然與父親疏離，親子關係呈現了一種惡性循環。

我很期望爸爸們或許在拚經濟的空檔，能夠花一點點時間思考：「努力工作的目的到底是甚麼？」若是答案是為了要給家人好一點的生活，那麼長期身為女兒的我，可以告訴各位爸爸們，其實子女們要的只是爸爸能夠與我們多說話，既使錢賺不多也沒有關係，子女們長大後也會一起幫忙分擔家計。

Foreword 前言

中國有句俗語：「虎父無犬子。」我把這句話做衍伸，就成了這本書的主旨：爸爸的態度決定孩子的高度，從小到大，爸爸就是孩子們第一個崇拜與模仿的對象，因此爸爸本身的身教好壞，將會深深影響孩子們一生的發展。

為了完成這本書，馥眉訪談了許多朋友的家庭故事。發現有的爸爸天生威嚴十足，令孩子們難以接近；有的酷爸爸特別不擅言詞，老是擔憂地看著孩子，卻無法把心底真正的關懷說出口；還有的爸爸裝著冷臉，總是說些反話刺激孩子，結果造成兩敗俱傷。親情其實不用如此悲情！很多時候只要一個小動作、一句恰到好處的話，除了能將尷尬到家的情況輕易化解開來之外，還能大大增進彼此感情！重點是，這些眉眉角角的小法寶，我們都——掌握了嗎？

這本書能夠與大家見面，感謝許多人默默的努力與付出，沒有大家的協助與幫忙，這本書是不可能在大家面前亮相的。謝謝親愛的家人、許多交心朋友與出版社每一位成員，謝謝媽咪、金城妹子、葳、貞、張先生、業務同仁……謝謝你們！

謝謝你們也謝謝每位拿起這本書的讀者，祝福大家都能享受親情中所帶來的快樂與幸福喔！

Contents 目錄

Contents 目錄

PART 1

原來爸爸的愛，不用語言說出口

平常不多話的爸爸，總是默默為我們努力付出著，
他說不出口的愛，何不就由我們來代勞呢？

原來爸爸的關愛藏在照片裡

心蕙看著眼前的照片，喉嚨突然一陣發酸。爸爸的攝影技巧好不好，她不知道，但爸爸一定非常用心來拍攝照片，否則他如何能抓住這些情感之中細微的不同？

在心蕙記憶中，自己生命中每一場重要的典禮或是聚會，像是小時候的運動會、園遊會、畢業典禮、生日聚會……等等，爸爸明明出席了，卻像是始終沒到一樣。

當大家湊在一起閒聊，或是感動的互相擁抱時，爸爸都不曾出現在她身邊周圍，好像他很受不了大家盡情表達感情的方式，偷偷跑去躲起來，或是到什麼人比較少的地方稍微喘口氣。

每當這些時候，心蕙心底總感到有些落寞，心想，要是爸爸也能跟自己一樣，好好享受這一刻就好了。直到有一次，那是發生在心蕙大學畢業後一天的事，她湊巧有事到書房找爸爸，赫然發現爸爸正在使用電腦整理畢業當天拍攝的照片，後來她才曉得，自己畢業當天爸爸居然一口氣拍了整整約四百張的照片！

四百張照片？

乍聽之下似乎還好，但他們從早上八點一起出門，參加畢業典禮、中午和同學們一起吃完火鍋就回來了，到家時不過下午三點，共七小時，平均每小時要拍將盡快六十張照片。換算下來，一分鐘最少要拍一張，中間還包括乘坐交通工具時間、吃飯時間。

爸爸到底是怎麼辦到的？

心蕙在爸爸有點不自在的態度下，細細觀察了所有照片。

以往，爸爸總是會自己先整理過、挑過，列印出幾張，讓家人在特殊節日或是假日時一起觀看。這是心蕙第一次看到爸爸處裡照片時的樣子，正因如此，才赫然發現原來爸爸居然拍了這麼多照片！

其中占據數量最多的，就是自己跟同學再走一圈校園時的照片，那時候她還以為爸爸又不見了，沒想到爸爸正遠遠的看著自己，忙著替大家捕捉相處時的自然畫面。

這些相片裡，有她最自然的表情、和同學歡笑擁抱的熱情、充滿淡淡不捨的神情……在爸爸相機底下，她當天複雜的心情轉折完全被攝入，絲毫沒有漏網鏡頭！

心蕙看著眼前的照片，喉嚨突然一陣發酸。

爸爸的攝影技巧好不好，她不知道，但爸爸是用自己的愛來拍攝照片，否則他如何能抓住這些情感之中細微的不同？

原來……

爸爸不像別人，總是會跑到她面前說聲恭喜或是閒聊一陣，讓彼此之間有點交流，盡量在對方或自己心中留下印象與互動。

爸爸總是捧著自己剛出生時，才特地去買來的萊卡相機，站在眾人後頭，不太說話，默默當起免費的攝影師，把自己隱身在最不起眼的角落，一心只想幫她多拍幾張漂亮的照片！

爸爸的愛，不花俏，卻總是躲在眾人之後默默注視著自己。

一起吃頓飯吧？

阿志接到簡訊時，心裡五味雜陳，除夕夜是屬於父親新家人的時刻，自己則被排在除夕當天中午……

自從父母在他大學離婚後，阿志就很少跟兩年後又各自嫁娶的雙親聯絡，一來是因為自己有自己的生活，二來是不想打擾雙親目前各自的家庭生活。

阿志的母親常常給他打電話，提醒他天冷要穿衣，關心他生活過得好不好，有時候還會做些自己以前愛吃的家常菜，送到他的租屋住所。

相對的，父親那邊就顯得冷漠很多，常常一年還不一定能連絡上一次，就算通電話，對話內容也貧瘠的可憐。有一年過年，阿志不想再介入雙親目前的家庭，決定除夕夜獨自一人在家度過。母親知道後非常擔心，不斷打電話過來邀請他過去吃飯，所有好話都說盡，阿志那年不知為何，偏偏就是鐵了心不願再介入雙親任何一方的新家庭之中。兩天後，阿志接到許久沒連絡父親的簡訊，上頭寫著：除夕當天中午，一起吃頓飯？他考慮了一天才回覆簡訊：再看看。父親飛快回傳簡訊回來：我剛打去訂好餐廳位置，三個人。阿志接到簡訊時，心裡閃過五味雜陳的感覺，先是高興，高興父親承諾三個人，代表母親應該也會出席。

接著是落寞，除夕夜是屬於父親新家人的時刻，自己則是被排在除夕當天中午。雖然心裡很糾結，阿志也沒有回應父親的簡訊，不過已經默默在記事本中寫上這件事。

吃飯當天，氣氛客套中帶點久違的親密，席間，父親中途離席去接電話時，母親告訴阿志：「你爸為了來吃這頓飯，跟他現在的老婆鬧得不是很愉快，他還是堅持一定要來，兒子啊，我們離婚又結婚，真的對你很抱歉，可是我們都是愛你的……」

阿志聽了，眼眶開始發熱。

幾分鐘後，父親鐵青著臉走進餐廳，阿志心底有數，卻仍故意問：「爸，誰打來的？」這是自他們離婚後，阿志第一次喊他爸，父親僵了一下，臉部表情逐漸柔和下來，揮揮手：「沒事，沒事！你要不要再叫點東西？再多吃點？你平常是不是都沒有好好吃飯，怎麼好像瘦了很多？」

看見父親不肯把自己的難處對自己說，阿志這才有些明白，母親剛才對自己所說的那番話背後所代表的意義。對於除夕夜的年夜飯被排在中午還是晚上，其實一點也不重要，阿志突然對這點徹底釋懷了。在父親支支吾吾提議明年中午是否願意一起吃飯時，阿志不再猶豫，馬上一口答應！

爸，謝謝你守護我們的家

別看我爸生冷不忌地開玩笑，就以為他什麼話都說得出來，我爸啊……他就是這樣討厭，總是默默守著這個家，一點苦也不願意對我們說！

「我老爸總說，以前我跟我哥還小的時候，看到他的樣子都好像在瞻仰遺容，每次都是他躺著、熟睡時的樣子！」小如笑咪咪地說出這些話時，馥眉的心猛然狠狠震了一下。

小如的爸爸好……好……令人欽佩的開朗啊！一般長輩對生死話題都很忌諱，沒想到小如的爸爸居然能毫無負擔說出這種話？

小如接著說：

「我媽聽到，馬上惡狠狠瞪我爸一眼，罵他：『你到底在說什麼鬼話』，我跟我哥則是被我爸逗得哈哈大笑！我爸看我們笑得很開心，也跟著大笑，一點都不在乎自己正在被我媽冷瞪。」

「小如，妳跟爸爸的感情一定很好吧？」

小如點點頭，突然重重嘆了口氣。

「很好啊！可是在我跟我哥出社會以前，跟爸爸相處的時間真的好少、好少，所以我爸才會說出那種話。我媽還說，以前我爸不管加班到多晚回來，第一件事就是放下公事包，走進我們房間，親親睡著的我們後，才去吃飯或是洗澡。不管當天工作有多累，在睡覺之前，一定會聽我媽把我們今天發生的事情都告訴他之後，才會睡著。」

小如深吸口氣後，又緩緩吐道：

「別看我爸生冷不忌地開玩笑，就以為他什麼話都會說出來，在我念高中時，我爸曾經一度被公司惡性裁員，那時候他什麼也不敢說，更不想讓我媽替他擔心，每天照常穿西裝打領帶去上班，結果晚上回來時，全身髒得令我媽吃驚！」

小如眉心微蹙，露出心疼的表情，嘴角卻幸福的向上彎延。

「事情過了很久之後，我們才知道，我爸在找工作的那一陣子，擔心自己再也找不到像樣的工作，為了家裡的收入，他天天到工地做零工，幸好後來找到工作，結束吃重的勞力工作，可是現在一變天，我爸身體便會到處痠痛，這是那時候留下的後遺症，我爸啊……他就是這樣討厭！總是默默守著這個家，一點苦也不願意對我們說……」

小如說這裡時突然說不下去了，鼻頭紅紅的，眼睛亮晶晶的，那是感動的熱流正在她心裡打轉的軌跡。

信裡的字句

父親真的是……好好道個歉，有這麼難嗎？居然拐彎抹角說了一大堆，中間還搬出遺傳這種說詞，彆彆扭扭講到最後，才吶吶承認自己其實只是在擔心她的安危……

可傾在很小的時候，就被父親送出國念書，放假時才能回台灣一趟，父女倆相處的時間以少的可憐，未料在她上大學那年回台灣時，竟還跟父親大吵了一架。導火線是她要跟朋友去墾丁玩，父親在得知負責開車的是一名曾有酒駕記錄的大學生後，極力反對！但可傾完全不顧父親的反對，甚至認為父親太過霸道，她跟朋友早就約好，臨時說不去實在說不過去，臨時改坐高鐵，朋友們隨便猜一下，也能知道這中間原由，以後她要怎麼面對自己的朋友？

她不理會父親粗聲惡氣的命令，執意一定要跟朋友一起南下去玩，兩人因此大吵一架，最後父親甚至下達最後通牒，對她說：「如果妳不改搭高鐵，或是乾脆取消這次行程，妳再也不准走進這個家的大門！」

年輕氣盛的可傾聽了，二話不說，立刻收拾所有行李衝出家門，先把行李寄放在姑姑家，接著便與同學南下去玩。

那一年，可傾從南部玩回來之後，直接飛回美國。可傾飛回美國後，父女倆人互不相連絡足足超過三個月之後，後來父親打電話給她，還在氣頭上的可傾，採取不接手機、不回電的方式回應。

兩個月後，父親寄來一封信，上頭寫著。

寶貝女兒，妳在美國最近好嗎？有沒有好好吃飯？我知道自己那天是有比較霸道，再加上那陣子工作壓力大，脾氣難免較大，妳遺傳了我，一樣有個牛脾氣，其實我只是擔心妳的安危，不是真的想阻止妳去玩。記得一定要好好照顧自己！

可傾看完信，感覺眼睛一陣熱燙，嘴角卻忍不住輕笑出來！

父親真的是……好好道個歉，有這麼難嗎？

居然寧願拐彎抹角說什麼「那陣子工作壓力大，脾氣難免較大」，最後還搬出遺傳這種說詞，彆彆扭扭講到最後，才吶吶承認自己只是在擔心她的安危。

可傾覺得好氣又好笑，馬上拿出手機，直接打電話給父親……

那些他從沒對我們說的話

直到自己結婚時，才透過丈夫輾轉知道，原來爸一直默默替自己擔心了這麼多，只是他從來都不說。

可薇一直以為自己的老爸，是個不折不扣的粗線條男人！印象中，爸爸每天總是默默上班、下班，就連假日待在家裡時，也很少主動找自己說說話，父女關係與其說親密，倒不如說是彼此尊重。不過，與其說是彼此尊重，倒不如說是有點疏遠，她總覺得自己跟爸爸「不是很熟」。有時候可薇甚至會想：爸爸是不是根本就不關心我？否則他怎麼不像媽媽那樣，老是嘮嘮叨叨自己該注意的地方，或是阻止她從事危險的事情，例如：自己一個人到國外自助旅行。

直到自己結婚後，才透過丈夫輾轉知道，原來爸一直默默替自己擔心了很多，只是他從來不會去主動去說。在一次晚餐中，可薇的新婚老公突然主動提起，爸爸曾經找他單獨出去碰面，請他吃過一次飯。可薇乍聽到時，驚訝的難以自己！

「我爸居然主動找你出去吃飯？這是什麼時候發生的，我怎麼完全不曉得？」她緊張地問。

新婚老公得意又溫柔的對她笑了笑，回答：「岳父要我不要告訴妳，我可是掙扎了很久，才決定告訴妳，妳爸爸其實真的很愛妳。」

「他約你出去說了什麼？威脅你如果對我不好，會親自揍你嗎？」可薇放鬆下來，笑著問。

「我本來以為大概也是這樣，所以已經準備好一定會好好對妳的那套標準說詞，結果發現根本不是我想像中的那樣。」

「我爸說了什麼？」可薇的好奇心完全被勾引起來。

「岳父說，從小到大妳從來沒讓他真正擔心過，很多事情妳都可以自己規劃的很好，可是正因如此，他才更擔心妳會不會連自己悲傷或是痛苦的時候，都躲起來自己一個人哭泣，或是獨自熬過人生中最痛苦的時候？」

可薇話聽到這裡，心底霍然偷偷震了一下！

原來在爸爸什麼都沒對自己說的情況下，其實正偷偷為她擔心著。

「岳父拜託我一定要多關心妳一點，至少不可以在妳感到悲傷時，放妳自己一個人偷偷哭泣或是獨自面對悲傷。」

可薇聽到這裡，一顆心不自覺悄悄揪緊了……原來爸爸的愛，不是嘮叨的，而是沉默的。

留張紙條給爸爸

她永遠記得，當自己站在門外，看見原本幾乎佔滿整個門框的爸爸，現在居然瘦到只佔了一半，冷峻的表情帶點柔和，滿頭黑髮竟在不知不覺中幾乎轉白！而這，究竟是什麼時候發生的事？

嘉廷的爸爸是標準的嚴格父親，從不跟兒女們抱怨，臉色總是充滿威嚴，所說的每一句話都像子彈般「砰，砰，砰」式的直接發佈命令。

在嘉廷小時候，只要考試成績不佳，便會被爸爸斥責，只是嚴厲的罵歸罵，爸爸卻從未真正情緒失控，也從來沒有打過她，但她見著了爸爸，心裡還是怕多過於親密！

後來念了大學，嘉廷離開家裡到中部念書，在某一次暑假回家時，她按了門鈴，因為媽媽正在煮飯，便由爸爸來為自己開門。

嘉廷說她永遠記得，當自己站在門外，看見來幫自己開門的爸爸，站在玄關的黃色燈光下，原本幾乎佔滿整個門框的他，現在居然瘦到只佔了一半，冷峻的表情帶點柔和，滿頭黑髮竟在不知不覺中幾乎轉白！這是什麼時候發生的事？嘉廷站在家門外，對於自己突然的發現，震驚不已！

爸爸什麼也沒對她說，轉身便走進家裡，嘉廷看著爸爸變得蹣跚的步伐，胸口陡然糾結在一起。那天，家裡廁所電燈壞掉，嘉廷直覺自己是現在家裡年輕力壯的那一個，馬上跑出去買了燈泡，打算回家換。

就在她搬了張椅子到燈座下時，爸爸在她身邊默默出現，朝她做個手勢，表示由他還更換。

「爸，我來就好了。」嘉廷連忙阻止。

爸爸不聽，反而對她說：「妳不會，幫我固定椅子！」

嘉廷拗不過爸爸，只好站在下面，緊張的幫忙把椅子抓牢，看著爸爸爬高、顫巍巍的換著燈管，心中頓時一片溫暖又充滿濃濃不捨。那週回校前，嘉廷經過爸爸書房時，臨時起意，走了進去，在爸爸書桌上飛快的留了一張字條，上頭寫著：

爸，您辛苦了，謝謝您！愛您的女兒嘉廷

許多年後，爸爸過世，嘉廷幫忙整理遺物時突然發現，自己當初隨手一寫的紙條，已經變得泛黃且清脆，而這張泛黃的紙條，居然被爸爸慎重的壓在他生前最驕傲的一座獎盃底下……

簡訊裡的愛

自己到底是為了什麼而工作著？怎麼會忙得連跟爸爸面對面、說句話的時間都沒有呢？

自從大學畢業後，佳華進入科技公司工作，每天早出晚歸，與爸爸相處，時間突然變得更少了。有時候佳華會想，自己到底是為了什麼而工作？

怎麼會忙得連跟爸爸面對面、說句話的時間都沒有？她曾經試著早一點回家，好趕在生活作息相當規律的爸爸睡覺之前，能夠跟他一起坐下來喝杯熱飲，閒聊幾句當天發生的任何事情，哪怕只是最無聊、最瑣碎的事情都好。

後來，佳華談戀愛了，待在家裡的時間變得更少！

每天除了上下班、和同事聚餐吃飯、和男友約會之外，幾乎無法再擠出一丁點時間陪伴爸爸，或者她好不容易提早回家，爸爸卻已經累到先行進房睡覺。

日子一天、一天過去，很快的，佳華已經到了論及婚嫁的年紀，結婚後，與爸爸相處的時間更少了，有時候甚至一個月連通電話都沒有，直到有一天，爸爸突然無預警在公司昏倒。

佳華接到爸爸公司同事打來的電話時，足足愣在當場好幾秒鐘，完全無法反應過來！她一直以為爸爸是健康、像巨人一樣聳立的家庭支柱！

當她趕到醫院，看見躺在雪白病床上的爸爸時，才赫然發現家裡的大支柱，竟在不知不覺中已經老了。再加上爸爸一直都有心臟方面的問題，但他總是不放在心上，這次爸爸之所以會昏倒，便是工作過度的緣故。

爸爸出院後，佳華雖然沒辦法常常回家看望爸爸，但養成了每天傳簡訊給爸爸的習慣。簡訊內容五花八門，有時候是報告生活瑣事，有時則傳給他朋友分享過來的笑話簡訊，大多時候則像醫生問診似的，不斷一次又一次囑咐他要多照顧自己的身體、多吃新鮮蔬果。雖然她跟爸爸現在沒有住在一起，但拜方便的科技所賜，他們之間的感情似乎變得比以前更親密了！

爸爸擔心的眼神

爸爸把自己的每一件小事都放在心底，連她自己都忘記的事，他卻從來都沒有忘記過……

雅婷常覺得爸爸看著自己的眼神，似乎常常帶著淡淡的擔心，年輕時她曾經一度以為這是爸爸不信任自己的表示。

當她參加考試時，擔心她會失敗考差；當她學會開車時，擔心她的開車技巧不好；當她交男朋友時，擔心她會被騙，感情受傷。因此，雅婷很少跟爸爸談論自己正在進行的事，怕又看到爸爸擔心的目光，也不喜歡這種彷彿總是被爸爸看輕的感覺。

直到有一次，有位跟爸爸很要好的朋友來家裡拜訪，兩人邊小酌，邊閒聊著，無意中，雅婷聽見爸爸對好友說：

「每一次，我只要想到這孩子將來不知道會嫁給誰，又要嫁到哪裡去，我的心就會揪成一團，擔心她將來會不會吃不好、睡不飽、穿不暖，老劉，你說我是不是擔心太多了？」

「我也會擔心啊！可是還能怎麼辦？未來還是會慢慢到來的，你不要先煩惱這麼多。」爸爸的好友回答。

「這種事哪是說不煩惱就不能煩惱？萬一我過往以後，沒人照顧我女兒怎麼辦？如果她不幸嫁給渾小子被欺負，又要怎麼辦？」爸爸眉頭皺得死緊，一邊嘆氣，一邊說話。

雅婷終於明白，原來爸爸那老是在擔心著些什麼的眼神，居然是在為自己的將來擔心！

她半晌說不出話來，放輕腳步，慢慢退回到自己的房間裡。

隔天，雅婷在爸爸專注看著新聞時，主動走到爸爸身邊的沙發坐下，喃喃說了一句。

「爸，最近我好想換工作喔！」

聞言，爸爸愣了一下，馬上關掉熱衷的新聞，轉頭就問：「要不要跟爸爸談談？」

「好啊，爸，你可不可以幫我分析一下，我現在該怎麼辦？可是先說好，你不可以干涉我的決定喔！」雅婷聳聳肩。

爸爸聽了，立刻嚴正聲明自己絕對不會干涉她的決定。

那一天，他們談了很多生涯規劃的事，聽著爸爸對自己說：「妳小時候很喜歡畫畫，要不要乾脆去學插畫，或是到動畫公司上班？」雅婷這才恍然驚覺到，原來爸爸把自己的每一件小事都放在心底，連她自己都忘記的事，他卻從來沒有忘記過。

爸爸最珍貴的收藏品，竟然是……

「什麼丟掉？」爸爸輕責地看小花一眼，憐愛地撫著圖畫，小心放入一個檔案夾裡，仔細收妥在最上層抽屜的最底處，然後抬眼看她。「等我過身後，妳記得要把它燒給我，不准丟掉，知不知道？」

小時候，小花最討厭老師老愛丟出要寫「我的家人」的作文題目，或者是以「我的家人」為主題的圖畫。

每次遇到這種宛如老朋友似的題目，她心裡總是大聲哀號著。「不會吧，又來了……」寫完千篇一律的作文，畫完其實每個都長得差不多的圖畫，交給老師打完分數後，小花會把作業胡亂塞進書包裡，帶回家去丟到資源回收桶裡。圖畫紙上頭歪七扭八畫著他們一家三口的人像，和身後一間大大的房子，構圖乏善可陳。

某次，爸爸手中拿著一張皺皺的圖畫紙，跑來敲她房門，用慎重的態度問她：「小花，這張圖可不可以送給爸爸？」

小花沒多想，馬上點頭答應，心想，反正那本來就是自己不要的東西，只是她不懂，爸爸要那張圖做什麼？

隨著年紀越來越大，作文題目越來越「寬廣」，很少再出現家人題材，讓她真的著實鬆了好大一口氣。

在小花大學畢業，正要踏入職場的那年過年，全家忙著大掃除，她應媽媽要求，端了一碗熱騰騰的紅豆湯，進書房找爸爸。

「爸，我可以進來嗎？」小花在半開的書房外探頭探腦，看見爸爸正低著頭，專注地看著某個東西。

「喔，小花啊，進來啊。」爸爸頭也不抬地回答。

爸爸究竟在看什麼呢？

看得如此專心？一定是什麼寶貴的收藏吧！

小花捧著紅豆湯，小心翼翼走到爸爸身邊，先將甜湯交給爸爸後，轉頭一看。

「啊！」這一看，讓小花忍不住輕叫出來，一手指著爸爸案上那張亂七八糟的畫，有點不敢相信剛才讓爸爸看得入迷的東西，居然是自己以前的圖畫作品。

「爸，你怎麼還留著這種幼稚的東西？」

聞言，爸爸立即不高興睨她一眼。

「什麼叫『這種幼稚的東西』？說話小心一點啊，女兒，這可是我收藏多年的寶貝吶！」

小花詫異地瞪大雙眼，看著爸爸認真的表情，赫然發現爸爸不是在對自己開玩笑，他是真的用很認真的態度在對自己說話。

「爸，你還沒把它丟掉喔？」

「什麼丟掉？」爸爸輕責地看小花一眼，憐愛地撫著圖畫，小心放入一個檔案夾裡，仔細收妥在最上層抽屜的最底處，然後抬眼看她。

「等我過身後，妳記得要把它燒給我，不准丟掉，知不知道？

後來，小花才從媽媽那裡知道，爸爸每年整理書房時，都會把那張圖拿出來看好久、好久……

那些空白的對話

有一次她差點撞到大樹，玩完小車，一下車後，立即奔向爸爸身前，未料看見爸爸額頭上竟有一層薄薄的汗珠。那時候明明是涼爽的秋天，於是她就問：「爸爸，你很熱嗎？」

小花最愛和爸爸一起去公園玩，除了可以吃冰淇淋以外，最棒的是她可以盡情玩公園裡頭的每一項設施，每一項喔。

最一開始，令她著迷的是盪鞦韆、溜滑梯跟廣場上的幾台碰碰車，每次她都會跳上一台「老夥伴」紅色單人小車，然後對爸爸招招手。

爸爸這時就會乖乖走過來，彎腰，投進幾枚硬幣到車子裡去，聽著硬幣掉進車身時的「哐啷啷」聲響，小花便能逐漸感到迫不及待的興奮。

接著，她開始做起自己的開車夢，幻想駕駛著「自己的愛車」，在公園裡頭的小廣場上盡情橫衝直撞！小花永遠記得，當自己玩得不亦樂乎時，爸爸總是雙手抱胸，一臉嚴肅站在一棵探向廣場的大樹前，小心盯著，時時提醒她：「不要開到邊邊，會撞到喔。」

有時候她太過陶醉在自己的世界裡，爸爸就會快步走過來，確認自己有注意他後，非常用力地搖搖頭。

每次玩完小車，小花總覺得爸爸怎麼看起來好像很累的樣子？

有一次她差點撞到大樹，一下車，奔向爸爸時，看見爸爸額頭上竟有一層薄薄的汗珠。

那時候明明是涼爽的秋天，於是她就問：「爸爸，你很熱嗎？」

爸爸沒說話，伸手摸摸她的頭，淡淡交代了一句：「以後玩這個要再小心一點。」

年紀還小的小花，尚且聽不出爸爸這句話背後，其實還藏了好多擔心、害怕、驚嚇與珍惜。

她點點頭後，馬上衝向公園裡一架由鐵竿子做成的巨大飛機，費了九牛二虎之力爬上去，終於坐上飛機的駕駛座時，立刻轉頭四處尋找底下爸爸的蹤影。

當小花驕傲的朝爸爸猛揮手時，在爸爸臉上，她清楚看見融合了擔憂、緊張、焦慮、驕傲和慈愛的複雜表情。爸爸什麼都沒說，只是抬起手，回應著她的揮手。

那一刻，小花臉上的笑容總是十分燦爛！

不說話的爸爸，其實心裡有好多話

「可是阿公的爸爸已經過往了，開車沒有辦法找到他。」阿爸愁雲慘霧地笑笑，臉色比哭還難看。「是喔，怎麼會這麼麻煩呢？」女兒露出苦惱的表情……

每到清明節前夕，沉默的阿爸總是會變得更加沉默。

這種情況自阿公三年前過世後，有越來越明顯的趨勢，起初他沒有放在心上，直到後來阿爸在祭拜阿公的前一晚，開始喝起悶酒……

他看在眼裡，卻完全束手無策，因為他跟阿爸的關係向來並不親密，很多話都很難向對方開口陳述。隨著日子一年、一年過去，阿爸心中的結似乎有越來越難解的趨勢，他看在眼裡，心裡焦急又煎熬，可是卻完全一點辦法也沒有！

直到某次清明掃墓時，出現了救世祖：他五歲大的女兒。

按照往例，他們提前一天回家準備隔天的祭祖活動，在豐盛的晚餐上，阿爸又開始喝起悶酒。

他想阻止阿爸，可是當思緒轉到這是阿爸紓解心中鬱悶的方法時，幾經到了嘴邊的話，又全數硬生吞嚥下肚。可是不阻止，阿爸的身體……

就在這時，五歲大的女兒被阿爸叫到身邊說話，講沒兩句，女兒突然捏著鼻子，皺著眉頭，對阿爸說：「阿公，你好臭！」

他一聽，險些當場昏倒，正急忙想要奔過去拉回女兒時，聽見女兒又開口了：

「阿公，你為什麼要喝這麼多酒？酒好臭，把阿公也變得臭臭的！我不喜歡。」

眾人一聽，臉色不免又是重重一沉！

「妳不喜歡阿公啊？」阿爸苦笑了一下，看得大家心頭都酸酸的。

他加快速度，正要把女兒一把抱走時，女兒又朗聲開口了。

「我喜歡阿公，可是不喜歡阿公變得臭臭的！」個頭矮矮的小不點，慎重其事地搖搖頭，儼然一副小大人模樣，看得大家頓時覺得好氣又好笑。「阿公，你為什麼要喝這麼多酒？」

女兒緊抓著這個問題不放，連他也緩下抱走女兒的動作，心中跟大家一樣，同樣對這個問題感到好奇與不解。

阿爸遲疑了一下，重重嘆口氣。

「因為阿公想爸爸。」

大概是女兒直白的那句「我喜歡阿公」，悄悄打開了阿爸的心門，沒想到向來不多話的阿爸，居然開始對女兒掏心挖肺起來……

「想他，那就去看他啊！你不知道路嗎？我叫我爸爸開車載你去。」女兒眨眨那雙明亮大眼睛，似無忌憚的繼續發言。

「可是阿公的爸爸已經過往了，開車沒有辦法找到他。」阿爸愁雲慘霧地笑笑，臉色簡直比哭還難看。

「是喔，怎麼會這麼麻煩呢？」女兒露出苦惱的表情，阿爸看她一眼後，突然伸手把女兒抱到他腿上。「阿公，為什麼你會這麼想你爸爸？」

「因為阿公的爸爸，是阿公這輩子最大的恩人吶……」

這一晚，他們祖孫的對話沒停過，大家尖著耳朵，靜靜聽著，這才恍然大悟阿爸鬱悶在心中多年的思念。

自從那次「真心話大公開」後，大概是紓解了心中的苦悶，阿爸再也沒有大量飲酒過。

當有人問他是什麼造成他的改變時，阿爸總是抱起女兒，開朗笑著說：「因為我孫女說不喜歡阿公變得臭臭的啦！」

爸，要記得想我喔！

老爸緩緩降下車窗，她雙手輕靠在車窗上，先給老爸一記天使般的微笑，然後說。「爸，要記得想我喔！」
空氣瞬間凝結！
僵了兩秒，老爸不自在的輕咳了一聲，全家人在車裡瞬間爆笑開來。

第一次離家，是考上大學的時候。

爸爸開著車，車箱裝滿她的行李，一路上，全家聊著開心的話題，她則開玩笑的說自己終於自由囉！

車子抵達學校，爸爸默默替她把東西通通搬進她的新宿舍裡後，開始檢查插座夠不夠用、環境安不安全，媽媽則是忙著跟她一起討論東西該怎麼擺、如何佈置起來會比較順手。

一陣喧鬧後，另外一名同寢的女同學剛巧也搬進來了，雙方家長碰了面，講了幾句話，我們便離開宿舍到附近的餐廳吃飯。整頓飯，大家熱絡地聊著天，只有爸爸一個人靜靜的低頭吃飯，眉頭始終微微皺著，好像正在隱忍著什麼。

吃完飯，爸爸開車載她回學校。

這一次，只有她自己一個人下車，站在女生宿舍門口，朝家人揮揮手，臉上掛著「請放心，我一定會好好照顧自己」的微笑！全家人全都擠到這一邊的車窗，透過小小的窗口朝她笑臉盈盈，只有老爸依舊坐在他的駕駛座上，僵著一張臉，完全笑不出來，也不熱情的跟她道別。

她雙手插腰，輕咬了一下唇，突然慧黠一笑，放開手，故意特地走到老爸的駕駛座旁，動手輕敲老爸身旁的窗戶兩下，示意老爸降下車窗。

老爸緩緩降下車窗，她雙手輕靠在車窗上，先給老爸一記天使般的微笑，然後說。

「爸，要記得想我喔！」

空氣瞬間凝結！僵了兩秒，老爸不自在的輕咳了一聲，全家人瞬間在車裡爆笑開來。

媽媽掩嘴偷笑著，不輕不重輕哼了句。

「妳這孩子喔！」

老爸被她這一攪和，嚴肅形像頓時崩落一小角，終於肯鬆口對她叮嚀了一句。「要照顧好自己，有事馬上打電話回家，知不知道？」

孩子啊，錢還夠用嗎？

爸爸支支吾吾又跟她說了老半天話，老是繞著無關緊要的話題猛打轉，最後在掛斷電話之前，突然丟來一句：「小書啊，如果工作不愉快，就回家！聽到沒有？」

「孩子啊，錢還夠用嗎？」

當爸爸這樣問時，其實他背後真正想說的是——孩子啊，你最近過得好不好？到底有沒有吃飽、穿暖啊？

爸爸的性格，基本上很可能就是一般男人的性格。

太過抽象的感覺他不一定會了解，跟他聊感覺，除了一頭霧水之外，大多時候也不太能夠理解。但是爸爸總是想盡辦法，想讓兒女們的生活過好一點、舒適一點，用他跟媽媽截然不同的方式，默默付出著，想盡自己全部的力量好好照顧家人！

小書在北部工作，因為景氣不好的關係，再加上工作不順利，讓每天回到自己租屋套房時的她，變得特別容易想家。終於，有天晚上小書實在太過想念溫暖的家，便打了通電話跟媽媽聊天，說著說著，居然流下了眼淚。

隔天晚上，小書竟意外接到爸爸的來電！

爸爸向來很少打電話給人，她一面接起手機，一面擔心會不會是媽媽出了什麼事情？電話一接起，爸爸劈頭就是一句：「孩子啊，錢還夠用嗎？」

「還夠用啊！」小書吶吶回答。

爸爸支支吾吾又跟她說了老半天話，老是繞著無關緊要的話題猛打轉，最後在掛斷電話之前，突然丟來一句：

「小書啊，如果工作不愉快，就回家來！聽到沒有？」

小書聽到這句話，情緒再次大崩解，連三秒鐘時間都不用，眼淚當場直線落下。

她聽著爸爸暖心的叮嚀，一手摀著嘴巴，不想讓爸爸聽見自己正在哭，一面提起精神回答。

「嗯，我聽到了！」

在那一刻，她清楚聽見爸爸對自己的愛。

爸爸給的安慰是一塊巧克力

明茹感到身邊位置一熱，猛然轉頭，率先看到自己最愛吃的巧克力！接著，巧克力往旁邊一撇，露出爸爸傻笑著的臉，揮揮手中的巧克力，問她：「要不要吃？這是妳最愛的巧克力喔。」

明茹一直很期待能考上心目中的理想大學，展開自己生命中最青春、最耀眼的一段人生！大概是因為自己太過在乎，導致大學入學考試考不好，當天回家時，她把自己關到房間裡，狠狠大哭了一整個晚上。

那天，爸爸敲門進她房間，不斷一次又一次問她：「寶貝女兒，怎麼了？怎麼了？」她坐在床上，曲著膝，雙手抱住雙腿，把整張臉埋在膝蓋上頭，因為實在哭得太傷心了，以至於根本說不出話來，只能一直搖頭，眼淚掉個不停！

爸爸不厭其煩地拍拍她的背，一整個晚上，一個哭，一個絞盡腦汁想要說點什麼，最終卻還是純粹拍背。

明茹看見爸爸尷尬的臉和不知所措的模樣，心中默想著，以後自己要哭，一定要找個爸爸看不見的地方。

上了大學後，明茹談了生平第一次的戀愛，最後卻以對方劈腿而分手收場，爸爸隱約知道這件事，一直催她當週一定要回家一趟。

明茹回家了，悶著情緒，和家人正常互動，晚餐過後，她藉口要出去走走，來到家裡附近的『北美美術館』附近閒逛。

她獨自一人坐在美術館附近角落的石頭階梯上，看著愛狗人士帶著可愛的小狗出門蹓躂，想到自己的傷心事，又開始靜靜哭了起來。

突然，明茹感到身邊位置一熱，猛然轉頭，率先看到自己最愛吃的巧克力！

接著，巧克力往旁邊一撇，露出爸爸傻笑著的臉，揮揮手中的巧克力，問她。「要不要吃？這是妳最愛的巧克力喔。」

明茹愣了一下，看看爸爸，又看看巧克力，鼻子一皺，眼眶又浮上洶湧熱潮，嘴角卻忍不住往上彎，噗哧一聲笑出來。

「爸～～我正在失戀，你怎麼可以拿巧克力誘惑我！」她伸手拿過，拆開漂亮包裝紙，開始一小口、一小口吃起來。

也不曉得是爸爸的陪伴奏效，還是巧克力本身的甜味能夠提高人的情緒，後來她就沒再哭了。往後幾年，每當明茹遇到不開心的事情時，爸爸總會千方百計把巧克力送到她身邊。

當爸爸心情鬱悶時，她也會送上巧克力。漸漸的，這就像是他們父女之間的一種默契，巧克力不再只是巧克力，而是代表他們對彼此的安慰！

生氣中的爸爸，其實很心痛

聽著要把我趕出家門那些話時的自己，心裡只有氣，但說那些話的爸爸，其實是又氣又痛！

「我老爸表達關心的方式，十句話裡頭，幾乎有十一句都是用吼的！」

曾經到法國留學的小雅坐在面前，手裡端著咖啡，狀似不經意的聳聳肩，表情輕鬆。

馥眉愣了一下，也學她聳聳肩，開口。

「有說總比沒說好。」

「也沒那麼好！當我年紀還很小的時候，根本搞不清楚老爸大人什麼時候是關心，什麼時候是他正在生氣？所以我乾脆通通以『爸爸正在生氣』一言以蔽之。」

「小雅，妳這樣也太偷懶了吧？」

「那是我年紀還很小的時候，現在我就懂得分辨了，爸爸對我吼的時候，眼神裡隱隱透露出懇求的那種是關心，像我交前一個男友時，我爸衝著我吼『跟那個渾小子分手』時，就是屬於這一類。」

小雅放下咖啡杯，輕輕吐了一口氣。

「然後當我對他斬釘截鐵地說『我、不、要』，他馬上鐵青著臉，雙手往桌上重重一槌，跳起來瞪著我大吼『妳不跟他分手，從此以後就滾出我家門』時，渾身怒不可遏的樣子實在好嚇人，可是他的表情看起來好脆弱，又好像很痛！」

小雅的視線慢慢放遠。

「其實爸爸那時候就看出我前男友有暴力傾向，後來我跟前男友起衝突打起來，說打起來是比較誇張一點，總之就是他說不過我，甩了我一巴掌後，我衝過去打斷他的鼻樑，然後我就回家，老爸看見我，聽完我的話後，臉色僵硬到一個不行，嘴裡不斷喃喃念著，我要告他，我要告死他！」

「後來呢？」

小雅深深吸口氣後，緩緩笑開。

「我告訴我爸，對方傷得比我重，鼻子都斷掉了，我爸愣了一下，才勉強笑了一下。那時候我突然了解，爸爸當初對我說，『妳不跟他分手，就滾出我家門』時，表面上看起來是生氣，但其實是很痛心的。從此以後，只要我爸又說類似的話時，我就能稍微冷靜一點，反問他，是不是真心的？」

小雅說到這裡，臉上的微笑不斷加大。

「我爸每次聽到這句話，表情都會縮一下，馬上隨便說點什麼蓋過這句話。直到那時候，我才算真正明白，聽著要把我趕出家門那些話時的自己，心裡只有氣，但說那些話的爸爸，其實才是真正的又氣又痛！」

只因小時說了句愛吃三杯雞，爸爸便卯起來學會這道菜

愛雲被問得當場腦袋當機，在「說實話」跟「不能說實話」之間被用力拉扯，最後她露出最天真無邪的笑容，對爸爸說：「因為我最愛吃三杯雞了！爸爸。」

愛雲的爸爸是個標準的「君子遠庖廚」。

不過，所有親戚朋友們都知道，愛雲爸爸的拿手絕活——三杯雞，好吃到連五星級飯店主廚都比不上！所有親戚朋友都忙著追問，為什麼愛雲爸爸這麼會料理三杯雞？有人甚至懷疑愛雲爸爸根本就是個深藏不漏的大廚師，而且還是天才型的那種，只是平常懶得做。

這件事的始末，只有愛雲跟爸爸兩個人知道，這是屬於他們父女之間的小秘密！

不過，說起這件小秘密，愛雲知道的其實比父親還要多一點。

話說，那是發生在愛雲國小三年級時候的事情。愛雲媽媽的母親突然摔倒送醫，愛雲媽媽急著趕去醫院，便把煮飯的工作交代給老公。所有備菜的工作，愛雲媽媽都已經完成，甚至還炒好一盤青菜，愛雲爸爸回家時，利用手機通訊，和老婆完成原本預訂好的一桌菜。

愛雲坐上餐桌後，心驚膽顫看著整桌擺滿奇奇怪怪的「黑色不明物體」，只有炒青菜跟三杯雞看起來勉強還可以。她吞嚥了一下，在爸爸殷殷期盼的目光下，夾起一塊三杯雞放入嘴裡，除了鹹了一點、有的地方好像還沒完全熟透這兩個小小的缺點之外，其實還滿……滿……下飯的。

一頓晚餐吃下來，愛雲幾乎只吃炒青菜跟三杯雞，爸爸看得大皺其眉，直說要每樣東西都吃，營養才會均衡。愛雲聽了，趕快強調自己有吃很多青菜！

爸爸想了一下，又問。

「吃青菜很好，可是為什麼妳只吃三杯雞？」

愛雲被問得當場腦袋當機，在「說實話」跟「不能說實話」之間被用力拉扯，最後她露出最天真無邪的笑容，對爸爸說：「因為我最愛吃三杯雞了！爸爸。」

從此以後，痛恨下廚的愛雲爸爸，突然研究起三杯雞的做法，因為他一直記得，女兒「最愛吃三杯雞！」

不過，「女兒最愛吃三杯雞」這件事背後的真正原因，恐怕只有愛雲自己心裡清楚了。

主動打給爸爸

如果有空，請打通電話給爸爸吧！最後，請勇敢一點，深吸口氣，告訴他，「爸，我好想你！」讓他小小嚇一跳、心裡頭塞滿甜滋滋的小感動喔。

我們究竟有多久沒有主動打通電話給爸爸了呢？

想起上次打電話給爸爸時，爸爸那超精簡的回答，實在到現在都還令人心有戚戚焉？

為公事打電話，目的在於工作、連絡、敲定約會；為朋友打電話，目的在於連絡感情、閒聊彼此近況。

給爸爸打通電話，目的在於傳、達、想、念！

我們不用把話說得天花亂墜，也無需害怕要是冷場怎麼辦？打電話給爸爸不是主持綜藝節目，壓力其實可以不用這麼大。面對爸爸「冷短」的回應，撒嬌一下，會是很棒的策略喔！

愛雲的撒嬌策略，如下：

「爸，是我啦！最近過得好不好啊？」

「喔，是妳喔，還不錯啊，老樣子。」》老爸，你的回答讓人很難繼續下去吶，但愛雲不怕！

「爸，我同事們找我一起合買金門貢糖，你覺得怎樣？」

「這個……妳應該可以自己判斷吧？」》老爸的困惑慢慢浮現，電話講到這裡，還不懂女兒到底是打來幹嘛的？

「可是我就是想打電話問你啊。啊！要不要我多買一包，寄回家給你吃吃看？」

「那運費要多少，不要為了這種小事浪費電話錢嘛！」》老爸一定覺得愛雲的算術要不是變差了，就是從來沒學好過。

「沒辦法啊，總不能讓我劈頭就說，老爸，我好想你喔。」

「……咳，妳這孩子喔，還是這麼愛撒嬌。」》直到現在才恍然大悟的老爸，正在害羞中……

目標——達成！

別被爸爸「輕巧式回答」或「經濟為第一優先考量」的原則給唬住了，他嘴裡雖念著「幹嘛打電話」、「電話費很貴」等等，但他心裡其實正開心得直冒泡。所以，如果有空，請打通電話給爸爸吧！如果不知道要說些什麼，就聊聊自己最近的近況，逼爸爸也說點自己的近況。

最後，請勇敢一點，深吸口氣，告訴他：「爸，我好想你！」讓他小小嚇一跳後、心裡頭塞滿甜滋滋的小感動喔。

大老遠開車送來的家鄉菜

雖然爸媽常勸她要自己開伙，煮些簡單、不油膩、新鮮又營養的東西來吃，不過，他們也都心裡有數，愛雲自己烹飪的機率根本小之又小！

因為工作的關係，愛雲必須長期離家，待在台北工作，天天外食的結果讓她的身體變得很容易感冒生病。雖然爸媽常勸她要自己開伙，煮些簡單、不油膩、新鮮又營養的東西來吃，但工作忙碌的愛雲，每次只能口頭答應，一再保證只要有時間，她一定會上市場買菜，自己煮食。

不過，他們也都心裡有數，愛雲自己烹飪的機率小之又小！直到有一次，愛雲跟整間辦公室的同事們一起輪流重感冒，一個簡單的感冒好了又來，足足拖了大半年還沒痊癒。

愛雲的爸爸幾乎每天掛電話，要她回家好好休息，吃點營養的東西，她也總是口頭上說好，卻遲遲未回家。爸爸知道她的狀況，直接到農產地買了一大堆新鮮蔬果，也到港口邊買了許多新鮮魚貨，請媽媽煮了一整桌子美味佳餚，包裝妥當後，直接開車送到愛雲租屋處。

當愛雲看著爸爸從小小的車中，不斷拿出更多、更多已經煮熟的食物時，她驚訝得難以自己！

最後，還有用小冰櫃裝著的新鮮魚貨，最驚奇的是爸爸還交給她一個電鍋，裡頭有張小紙條。媽媽寫著：

把魚洗淨後，放進長條盤子裡，放幾片我已經切好的薑片，淋點醬油，蒸好就可以吃，魚超級新鮮！

她沒想到自己的漫不經心，會讓爸爸這麼擔心。

愛雲看完紙條後，喉嚨像卡住硬塊般，眼眶微微發熱。

在爸爸要回家前，她深吸口氣，對爸爸說：「爸，對不起啦！讓你們為我擔心了。」

爸爸扯開一個大微笑，伸手拍拍她頭頂，對她說：「傻孩子，做父母的就是注定要為孩子擔心一輩子的啊！」

聽見姪女說：「爸爸最乖了！」

眾人全都愣在當場，連姪子都不敢跟她爸爸那樣說話，這個才剛剛幫姪子倒過汽水的小人兒啊，居然敢這樣「命令」她父親？

姪女的爸爸，是個在外商公司擔任主管的嚴厲角色，在下屬把事情搞砸時，常常會把人叫進辦公室狠狠教訓一頓。一日，家族聚會，浩浩蕩蕩來了許多親戚朋友，席開三桌才能全部就定位。

按照往例，三桌按照輩份坐，才國小四年級的姪女，坐在第三桌，她爸爸則坐在第一桌。

一群人，因為輩份相近的坐在一起，總會笑笑鬧鬧，開開彼此玩笑，有個念高中的姪子，突然興起了捉弄的念頭，叫姪女去外面幫他倒杯汽水進來，原本大家都以為姪女不會照辦，未料，姪女竟真的拿起他的杯子，乖乖照辦。

眾人有點驚訝姪女的乖巧，不過，姪子的行為在姪女離開後，立刻引起所有人的撻伐！

接著，姪女捧著裝滿汽水的杯子回來了，大家轉開話題，聊著別的事，直到筵席快散時，姪女的爸爸過來問她，有沒有吃飽啊？

姪女拿起自己面前的空杯子，給她爸爸，眨巴眨巴著眼睛說：「爸爸，我想要喝汽水。」

她爸爸聽了，不多話，捧起杯子就往門外移動。

眾人全都愣在當場，連姪子都不敢跟她爸爸那樣說話，這個才剛剛幫姪子倒過汽水的小人兒啊，居然敢這樣「命令」她父親？

更絕的是，像是感應到大家的視線通通集中在她身上，姪女看了眾人一圈，突然聳聳肩，交代了一句：

「爸爸最乖了！」

聞言，眾人立刻笑得人仰馬翻！

總是說著反話的爸爸

那次過年，國禮發現爸爸好幾次又想碎碎唸他工作上的事，每次一提氣，彷彿又要重提舊事時，總會表情一僵，硬生把話用力嚥下肚！

望子成龍的父親，一直希望孩子能出人頭地，大學畢業後在大公司裡工作。偏偏他最小的兒子——國禮，從國中時期就開始叛逆，高中時期念美容美髮，畢業後就北上台北找工作，與家越來越遠。

算算日子，國禮已經大概有整整三年沒有回家過年。

今年國禮打算比照辦裡，與其回家跟老爸大眼瞪小眼，或是問起他不如意的近況，搞得大家陷入一片尷尬，他寧願留在台北，自己一個人吃泡麵過除夕夜。

未料，就在過年前一個禮拜，突然接到媽媽打來的電話，約國禮今年過年一定要回家一起過。

他拒絕，理由是爸爸看到他又會生氣，他何必特地回去氣他老人家？

媽媽百般無奈地掛斷電話，兩天後，換爸爸親自打來。

「你媽說，你今年又不回家過年，是嗎？」爸爸開門見山，電話一接起便劈哩啪啦質問他。

「我要工作。」

「賺那點錢的工作算什麼鬼工作？今年你給我回家！」爸爸在電話那頭扯開喉嚨大吼。

「我不想回去，回去之後又要被你罵，我幹嘛自討沒趣？」國禮冷冷的說話語調，把爸爸的怒氣再次往上推！

「你、你這個不肖子！我遲早會被你給活活氣死！」爸爸中氣十足的吼聲宛如一串鞭炮，瞬間倒進他耳裡。

「所以就說了，我還是不回去的好。」他又涼涼補了一句，表面說得輕鬆，其實他自己心裡卻隱隱抽痛。

「我怎麼會生出你這種不肖子？我怎麼會生出你這種不肖子！」爸爸氣到後來只能不斷重複說這句話。

掛斷電話後，髮廊經理問起國禮跟誰講電話，為什麼這麼無奈又怒氣沖沖？

面對聘用自己又對自己很好的髮廊經理，國禮毫無隱瞞，把爸爸跟自己的關係全盤托出。

經理聽完後，只對他說了一句：

「你應該回家。」

在幾經躊躇與經理半強迫式放他假後，國禮最終還是回家了。

一進門，國禮立刻看見爸爸臉上快速閃過好多表情，有開心、驚訝、錯愕、怒氣，最後通通化成面無表情。

那次過年，國禮發現爸爸好幾次又想碎碎唸他工作上的事，每次一提氣，彷彿又要重提舊事時，總會表情一僵，硬生把話用力嚥下肚！

直到這時候，他才猛然驚覺經理說的話，居然是真的……

笨拙的大手正努力翻炒著鍋中菜

只見爸爸那雙不靈活、甚至可以說是笨拙的大掌，正毫無章法的擺動鍋鏟，裡頭的菜像淘氣的精靈般到處亂跳。她看著爸爸的動作，越是笨拙，她心裡就越氣也越痛！

在佳佳國中時，媽媽平均一個月要到上海出差大概一個禮拜時間。

爸爸雖不排斥走進廚房，不過那也僅只於洗碗、洗菜、偶爾客串一下廚房助手。對於煮菜這件事，爸爸不是不肯用心，而是天生就拙到能鬧出不少笑料。

奇怪的是，在烹飪屢戰屢敗的爸爸，總是會在媽媽出差時，堅持一定要煮東西給佳佳吃，嚴禁她跑去吃速食！

國中時期的佳佳那時候好氣爸爸的堅持，阻礙她終於能夠天天吃漢堡度日的美夢。抱著這種心態，每次當爸爸手忙腳亂把萬年款——蛋炒飯，端上桌時，後頭總會搭配上她的苦瓜臉。

有一次，佳佳終於受不了「永遠的蛋炒飯」，把筷子重重往桌上一放，揚聲抗議：「爸，我不想再吃蛋炒飯，就算再好吃的東西，一直吃、一直吃，也會變得很噁心好不好！」

爸爸臉部表情快速閃過一絲痛，很快恢復鎮定，勸著她：「好啦，妳先吃，爸爸明天煮點別的，妳乖，今天先吃這個。」

佳佳嘟著嘴，乖乖把飯吃完，以為自己打了一場勝戰，廚藝那麼差的爸爸，說不定明天就會帶她去吃香噴噴的漢堡！

隔天，佳佳一回到家，聽見廚房傳來拼拼砰砰的聲響，她墊起腳尖，偷偷把頭探向廚房裡頭。

當下，佳佳突然有種被雷打中的感覺！

只見爸爸那雙不靈活、甚至可以說是笨拙的大掌，正毫無章法的擺動鍋鏟，裡頭的菜像陶氣的精靈般到處亂跳，一鍋菜炒到最後，只有一半留在鍋子裡，四分之一掉在瓦斯爐上，另外四分之一在地上。

佳佳看著爸爸的動作，越是笨拙，她心裡越氣也越痛！

她突然好後悔自己昨天為什麼要做出那種要求，也很羞愧自己稍早的洋洋得意。

晚餐時，佳佳看著爸爸手中多了好幾處燙傷，心頭又酸又澀，喉嚨彷彿卡了鐵塊，一陣熱氣直衝上雙眼。

「今天這些菜，妳覺得怎樣？」

她仔細咀嚼嘴裡的菜搖，緩緩吞下後，也已經能稍微控制住體內翻湧的情緒，以平常聲音開口說話：

「爸，對不起啦！我昨天跟同學吵架，心情不好才亂說話，其實我最喜歡吃的東西就是蛋炒飯啦！」

「真的嗎？」爸爸狐疑地皺起眉頭。

「真的啊！不然我怎麼可能吃了那麼久，昨天才第一次抱怨？」佳佳指證歷歷，看見爸爸眼底的狐疑慢慢退去。

「那好，我們從明天開始，爸爸繼續做蛋炒飯給妳吃，這次爸爸會上網努力查一下各式各樣的蛋炒飯！」

那一刻，她心底只想著兩件事。

爸爸還真好騙！

還有，爸爸是真的好愛、好愛她——

他不是真的不愛你

那一次，父親為了怕她走丟，主動牽起她的手時，她仰頭看著父親，心裡想，他原來真的是我的爸爸啊！

有個朋友詩寶，從小到大很少看見她父親，求學時代偶爾起得較早時，可以在餐桌上看見總是用報紙遮住整張臉的父親，但一切就僅止於此，父親從不會過問她功課問題、交友狀況。

假日時，媽媽帶著幾個孩子全家出遊，父親不是又跑去公司，就是整天關在書房裡。

對詩寶來說，這輩子最棒的一次出遊，是父親唯一有參與的動物園之行。那一次，父親為了怕她走丟，主動牽起她的手時，她仰頭看著父親，心裡想，他原來真的是我的爸爸啊！

上了大學後，詩寶有次在書房跟父親為了交男朋友的事情，起了劇烈衝突，所有積壓在心裡多年的憤怒一次通通爆發！

兩人火氣都很大，朝彼此大聲說話。

「你根本就不關心我！憑什麼管我要交什麼男朋友？」詩寶對於父親突然插手干預自己的事，相當不能夠接受，甚至想，他為什麼不繼續當他的隱形人就好？

「我不關心妳？」父親咬牙低吼。

「如果你關心我，愛我，會從來不帶我出去玩，你甚至連話都懶得跟我說！」詩寶第一次把埋藏多年的話告訴父親。

「為了給你們更好的生活，我負責賺錢，管教是妳媽媽的責任，對我來說，時間就是金錢！」父親怒不可遏。

詩寶急促的喘著氣，雙手抱胸，語氣清楚且冷靜的對父親說：「那是對你而言，對我來說，時間就是陪伴！」

生平第一次跟父親起爭執的經驗，讓詩寶渾身發抖不已，說完這些話後，她馬上衝回自己的房間。半小時後，父親過來敲她房門，沒有責怪，沒有怒罵，只有不自然地笑著，問她：「今年暑假要不要一起去國外哪裡度個假？」

「你也會去？」她問。

「當然。」父親緩緩笑開，彷彿很高興聽到女兒這樣問自己。「這是我們家的家庭旅行。」

詩寶心情一放鬆，又聽見父親這樣說，眼淚居然無法控制的流了出來。那個晚上，她感覺當初在動物園裡頭的那個爸爸，終於又回來了！

對家人說的話沒有噁心，只有暖心

假設我們都知道情人很愛我們，也很謝謝我們。唯一差別是：有的情人把這些話掛在嘴邊對我們說，有的則從來不對我們說。哪一個可以讓我們覺得比較幸福，或者一樣幸福？

請問，曾經對家人說過「謝謝你」的人，請舉手！

張開眼睛，看看台底下舉手的人數。還不錯，人數不算少。

細問之下，才知道大多數人的「謝謝」，總是趁著父親節或是聖誕節卡片，偷偷夾帶在聖誕節快樂後頭，裝作「這句話只是順道提一下」的寫上一句：爸爸，謝謝您，這幾年來您辛苦了！

再請問一次相同的問題，曾經對家人親口說出「謝謝你」，而不是寫在卡片裡的人，請舉手！

四處張望，舉手人數瞬間銳減。

這是為什麼呢？

我們可以對陌生人一個小小的幫助，可能只是幫我們撿起一塊像皮擦、一串鑰匙，非常自然的給予微笑與道謝，卻難於對悉心照顧我們的爸爸說聲謝謝？

光是說聲「爸爸，謝謝您，這幾年來您辛苦了！」情況便如此慘烈，想當然耳，更熱情的「我愛你」，統計起來恐怕會更慘不忍睹。

果不其然，問完「請問，曾經對家人說過『我愛你』的人，請舉手！謝謝。」台底下，幾乎已經不見手的蹤跡。

詢問了一下，原來大家普遍認為對家人說「我愛你」、「謝謝你」，實在令人覺得有點噁心跟做作。

於是馥眉反問，如果對象換成情人呢？

假設我們都知道情人很愛我們，也很謝謝我們。唯一差別是：有的情人把這些話掛在嘴邊對我們說，有的則從來不對我們說。哪一個可以讓我們覺得比較幸福，或者一樣幸福？

大家都選擇了「對我們說『我愛你』，可以讓我們感到更加幸福！」

OK，話就說到這裡，而你——究竟還在等些什麼呢？

PART 2

加入爸爸的生活

陪伴是互相的，當我們能靜下心好好享受當下的那一刻，對彼此來說都是最大的豐收！

孩子專屬的釣魚課

爸爸是不是誤會了什麼？難道爸爸以為，她以後都會每周陪他一起去釣魚嗎？小澄看著爸爸興沖沖的表情，以上這些疑問，通通被她用力嚥下肚！

小澄的爸爸非常熱愛釣魚，只要假日有空，他都會默默把釣魚相關器具準備妥當，開車到他喜歡的河邊釣魚。相反的，小澄非常不喜歡釣魚，她總覺得在同一個地方坐上許久，自己卻連動也不能動一下，實在相當無趣。

因為興趣上的差別，他們父女常常假日一到，便各自忙碌，從事自己喜愛的休閒活動。可以安靜做自己的事情固然是好，但總覺得有點孤單，幾年下來，小澄有天突然發現爸爸似乎沉默得更加厲害了！

那個周末，小澄下定決心陪爸爸一起去釣魚。爸爸表面上看起來與平常沒有兩樣，星期五那天下班回家的小澄，發現爸爸今天居然比平常晚了一個多小時到家。

飯後，爸爸突然要她跟著一起到車庫，打開後車廂，拿出一根全新的釣竿送給小澄。

小澄見狀，馬上愣在當場！心想，爸爸是不是誤會了什麼？難道爸爸以為，她以後都會每周陪他一起去釣魚嗎？否則怎麼會大破費，特地買了一根全新的釣竿？

小澄看著爸爸興沖沖的表情，以上這些疑問，通通被她用力嚥下肚！周日，兩人一起開車到爸爸喜歡的釣魚地點。爸爸教她該怎麼釣魚後，父女倆人開始近乎一整個上午的沉默無語，漸漸的，時間逼近中午，毫無動靜的釣竿，突然傳來強勁的抽動！

「爸！爸！快來！」小澄的心跟著釣竿一起抽動，因為不知道該怎麼收線，只好扯開喉嚨大聲呼救。

爸爸很快來到她身邊，父女倆七手八腳、成功合力把魚拉出水面！

嘩啦啦……嘩啦啦……閃亮亮的水珠在陽光下璀璨著……

雖然爸爸是老手，但為了把魚抓上岸，又得一面教她這個彆腳的新手，當魚乖乖躺進水桶裡時，父女兩人早就一身濕。

看著彼此狼狽的模樣，兩人不約而同輕笑開來！

這一天，當他們背著冰櫃跟釣魚用具回家時，小澄回頭望向美麗的夕陽，知道自己下個禮拜還會跟爸爸報名這堂釣魚課。

客廳裡的交流

雯瑜把遙控器交到爸爸手中，倒完水後，看見爸爸百般無聊地轉著電視，進房前，她又看爸爸一眼，突然覺得坐在沙發上的爸爸，看起來一點生氣也沒有。

長大了，每個人都喜歡有自己私人的空間、私人的社交、私人的生活、私人的休息處。雯瑜當然也不例外！

每天下班後，她最渴望的就是縮回自己房間裡，用電腦上網，開始跟朋友們在社群網站上聊生活，分享網路世界裡頭大大小小的趣聞。

有天，當她走出房門、正打算到餐廳倒杯水喝時，赫然發現爸爸正坐在沙發上，身子傾倒。電視彩色的光影在他傾斜的身上盡情變化、奔跑，而爸爸卻嘴巴微張，看起來已經睡著很久了。雯瑜屏住呼吸，偷偷把電視關掉，未料，這一個小心翼翼的動作，竟然還是把爸爸吵醒。

只見爸爸揉揉眼睛，坐直身體，看見女兒正看著自己，手中拿著遙控器，最後乾脆伸手揉揉整張臉。

「我睡著了？」爸爸問。

雯瑜點點頭，走到爸身邊的沙發坐下。「爸，要睡去房間睡，在這裡睡會感冒喔！」

爸爸不好意思的縮了一下脖子，淺淺笑開。

「我沒事啦！剛剛那個節目好無聊，我才會睡著，現在才十點，我還是在看點什麼後再去睡，不然到房間裡還不是要失眠？」

雯瑜把遙控器交到爸爸手中，倒完水後，看見爸爸百般無聊地轉著電視，進房前，她又看爸爸一眼，突然覺得坐在沙發上的爸爸，看起來一點生氣也沒有。

爾後幾天，雯瑜把筆電搬到客廳用，一面上網，一面陪爸爸看電視，每當看到好玩的事、令人氣憤的情節，還是哪裡有好吃的東西，爸爸就會叫她一起看，整個人變得多話又活潑。

「女兒，快看，新聞說幾千年的種子還能長出東西耶，這世界喔，真是無奇不有啊！」

「這個壞男人，為什麼還沒有得到報應？難道真的要拖到最後一集嗎！」

「這個麵線糊看起來不錯，我活到這把年紀還沒吃過，要不要改天一起去吃看看？」

現在，她晚上回家，都會跟爸爸一起坐在客廳裡，就算只是默默做著自己的事，偶爾分享電視畫面或是電腦畫面，也都讓他們感覺更加親近！

雜草又長高囉！

小恩想了想，最後決定還是不說，保留爸爸拐彎抹角的想念，和他們流著汗一起走回家的那段輕鬆時光。

堅持退休後要住回鄉下老家的爸爸，常常打電話過來，丟出一句：

「家裡的野草又冒出來了，回來幫我一起除草！」急急如諭令，說風是風，說雨是雨，馬上就要人回去！

小恩每次接到這種電話，總是感到有些無奈，可是又不想違背爸爸的意思，只好摸摸鼻子，買車票回家。

一回到家，爸爸就會朝小恩丟來一整套的農作工具，兩人慢慢走到爸爸指定的地方，開始辛勤地蹲下身子除掉雜草。

往往一工作，就是好幾個鐘頭的時間，等他們將雜草處理到一個階段後，兩人早就滿身大汗！

小恩最喜歡勞動過後流汗的感覺，尤其喜歡和爸爸一起慢慢吹著涼風，走回家時那種跑不掉、有一搭沒一搭的閒聊。

那種感覺很輕鬆、隨意，在電話中不方便說出口的話，在這一刻都能侃侃而談。

回到家後，媽媽總是先端來一碗冰鎮過後的消暑綠豆湯，給他們解解饞，這時候爸爸就會開始唉嘆，自己老囉，身體狀況大不如前，除個草就腰痠背痛這種話，接著起身去洗澡。

小恩在旁聽著，每次都不知道該怎麼搭腔，只是心裡狐疑著，爸爸為什麼總是老愛特別叨唸這一句？

有天，媽媽趁爸爸去洗澡時，偷偷挨近小恩身邊，一手捂著嘴，眼神小心地瞄向浴室，以防爸爸突然跑出來似的。

「小恩，我跟你說喔，你爸爸叫你回來幫忙除草，只是他的手段！」

什麼手段？小恩聽得滿頭霧水。

媽媽接著往下說：

「那些草啊，其實不除也不會怎樣，可是偏偏他就喜歡拿這個做文章，藉機把你叫回來！」

「可是不除草，想要種點農作物就困難啦？」小恩不疑有他，還在幫爸爸說話。

「你看你爸種什麼能吃的東西上去啦？」媽媽輕笑出聲。「他喔，明明就是想你，想叫你回來給他看看！說不出這種話，就一天到晚問我，那個雜草是不是又長高啦？是不是該叫小恩回來幫忙除一下？都夫妻幾年了，他那點心思喔，以為我會笨得看不出來？」

小恩聽了，愣在原地久久。

原來這才是爸爸叫他回來的最主要原因？

那天晚上，全家人坐上餐桌，小恩遲疑著要不要主動提起這件事？對爸爸說，以後想他可以直說，他人一定會回來，不用再拿除草當作藉口。

小恩想了想，最後決定還是不說，保留爸爸拐彎抹角的想念，和他們流著汗一起走回家的那段輕鬆時光。

爸爸瘋！追逐電視報導的美食

當他們吃進第一口電視裡的麵線糊時，相當有默契的互看一眼，嘴裡的奇妙滋味，讓他們同時笑彎了眼睛！原來人世間還有這等美味啊……

自從雯瑜和爸爸一起待在客廳後，從生活幾乎沒有交集，漸漸變成開始有些交集。

尤其在他們同時迷上追逐電視報導的美食後，幾乎每個禮拜六，都是他們最佳的瘋台灣小吃美食時間！

每個星期五晚上，他們會一起決定明天究竟要到哪裡、吃哪些特別的美味小吃，光是討論本身，就是一種極大的享受。

雯瑜主要負責收集資料，不管是上網找，還是看電視節目介紹，都由她蒐集大部分資訊。

「爸，你上不是提到麵線糊很不錯，我們明天去吃這個，你覺得怎麼樣？」雯瑜坐在沙發上，手中抱著筆電，突然想起爸爸上次看電視時說的話，趕快提醒他。

「我記得那個老闆上次形容他們家的麵線糊，都是用手工麵線製作，而且真的會變成糊狀。」

爸爸半瞇著眼睛，注意力暫時從電視上移開，正在努力回想先前電視上的精彩介紹。

「對啊，對啊，爸，你還說他們把蛋白跟蛋黃分開料理，把蛋白滷得好像豆乾一樣，蛋黃直接打在麵線糊裡，你覺得很特別！」雯瑜把上次那筆資料叫出來，興奮地提議：「那——我們明天就去吃這個？」

「好啊，給我地址，我看看開車路線怎樣比較順……」爸爸把電視關掉，拿出他的台灣地圖，認真戴起他的老花眼鏡，開始研究起地圖上密密麻麻的交通線。

星期六一大早，雯瑜睡到快中午才醒來，爸爸待在客廳，邊看新聞，邊等女兒起床。

等到他們出門時，又是半個小時後的事情。

當他們吃進第一口電視裡的麵線糊時，相當有默契的互看一眼，嘴裡的奇妙滋味，讓他們同時笑彎了眼睛！

原來人世間還有這等美味啊……

雯瑜知道關於自己跟爸爸共同的美食地圖，還會一直持續下去。

默默付出——從爸爸那裡學到最寶貴的事情之一

我不知道妳爸爸對妳作品的真正看法是什麼，但有一點我很清楚，他很愛妳。現在，妳還要把他的氣話當真嗎？

曾經聽過一個故事，一位掌管三百多名員工的大老闆，與他的孩子徹底絕裂。大老闆希望自己的孩子能接手公司，認為木雕只可以當作休閒時的嗜好，玩玩就好，根本保障不了基本生活，而他的孩子則一心嚮往自由的生活，決心投入自己最愛的木雕創作。

兩人因為理念不同，大吵特吵，到了最後甚至演變成水火不容的局面，直到大老闆在一次激烈的爭吵時，憤然破口大罵：「妳走！我永遠再也不想見到妳！滾出我家門！」

兩人關係正式徹底決裂！

在孩子還沒有名氣的時候，曾經舉辦過多次展覽，往往都以銷售慘澹收場，直到有一次，一位匿名收藏家，在個展最後一天，大手筆買下全部的木雕藝術品。

從此，孩子的名聲大噪，成為當代最年輕、倍受矚目的藝術家之一！

成為小有名氣的藝術家，一直追查當初是誰一口氣買下自己全部的作品？但對方似乎早有所防範，每當藝術家感覺自己快要追查出來時，線索就斷了。

直到藝術家中年時，媽媽偷過徵信社找到藝術家，打電話要藝術家回來參加爸爸的喪禮。藝術家一直記得爸爸當初說過的那句「我永遠再也不想見到妳！」的話，因此婉拒了媽媽。

媽媽起初很傷心，後來發現孩子拒絕的原因後，打電話告訴孩子：

「孩子，知不知道爸爸多年前，曾經購買了一大批木雕藝術品回家的事？那時候我問他，為什麼一口氣買下這麼多藝術品？他回答我，想給一位他認為很有前途的年輕藝術家一個機會。那時候我接受了他的說法，直到最近找到妳，我才赫然發現原來他一直有妳的下落，甚至出手買下妳年輕時的作品，我不知道妳爸爸對妳作品的真正看法是什麼，但有一點我很清楚，他很愛妳。現在，妳還要把他的氣話當真嗎？」

和爸爸一起去旅行

爸爸準備了將近半年的時間，因為要去法國，還特地念了一點法文，直到出國前，做足準備的爸爸依然感到很不安……

婉婷喜歡自助旅行，婉婷的爸爸因為年邁，不敢自己出國去玩，每一次出國都是跟團旅行。有一次，爸爸出國回來後，突然滿腹感慨，說自己出國好像組上肉般，不管走去哪裡都不由人，雖然行前不用多做準備，卻失掉了旅行真正的意義！

後來爸爸打算自己出國玩一趟，從訂機票、上網查資料、買旅遊書、做筆記……等等，通通自己一手包辦。

爸爸準備了將近半年的時間，因為要去法國，還特地念了一點法文，直到出國前，做足準備的爸爸依然感到很不安。

婉婷把爸爸的努力跟害怕都看在眼裡，在預定班機前兩個禮拜，有一次婉婷跟朋友在社群網站聊得太開心了，走出房門倒水時，赫然發現爸爸竟坐在客廳沙發上，手裡捧著出國資料、發呆嘆氣。

「爸，這麼晚了還不睡嗎？」婉婷詫異極了！

爸爸抬眼看她一下，闔上書籍，彷彿喃喃自語地說了句：

「沒什麼，只是有點睡不著，想說起來看看書，結果好像把自己弄得更焦慮了。」

婉婷看著爸爸搔搔頭，一臉疲憊地回房，有些話堵在她胸口，想要說點什麼，卻又不知該從何說起。

後來，她觀察到，爸爸似乎幾乎每晚都會失眠！

在科技公司工作的婉婷，突然發現繼續這樣下去不行，毅然決然把自己累積的所有假一次休光，正巧遇上公司淡季，主管很快便批准。

離出國只剩下九天，自從婉婷把自己要一起出國的消息告訴爸爸後，爸爸的失眠狀況立刻不見了！婉婷這才再次驚覺到，原來第一次自助旅行對爸爸來說，竟有這麼大的壓力？

雖然出國前一晚，容易緊張的爸爸還是失眠了，所幸在飛機上有很多時間可以讓他補眠。

這趟法國行總共玩了十天，回國後，看見爸爸一臉驕傲的對親戚朋友們說：「原來自助旅行沒有想像中危險嘛！害我之前擔心到睡不著覺……」

爸爸塵封多年的「老嗜好」挖出來

看著從來只默默笑看著大家的爸爸，突然變得熱情、會大笑、臉上有害羞的小小驕傲，小櫻心頭突然感到酸酸的，眼眶熱熱的。

小櫻家過年的時候，不能免俗的和大家一樣，全家聚在一起吃年夜飯，團聚、吃大桌豐盛的菜餚、一起看電視上早就錄製好的過年節目、吃著各式各樣的零嘴、泡著茶。

這時候的大家，總是會有一句、沒一句閒聊著各種話題，只有爸爸，一個人顯得很沉默地坐在一旁，笑聽著大家的趣聞。

爸爸不愛打麻將，不愛賭錢，也不愛喝酒、抽菸，是標準的好爸爸，可是看在小櫻眼裡，總很心疼爸爸！

小櫻覺得應該拉爸爸一起同樂，而非老讓爸爸孤坐在椅子上看大家玩鬧，為了這點，小櫻這次在回家過年前，特地問了爸爸年輕時，曾經參加過什麼社團，或是有什麼嗜好？

爸爸客氣的推說沒有什麼特別嗜好，不過大學時代有參加過橋牌社。

小櫻一聽，感覺自己彷彿在黑暗之中乍看到一線曙光！

那年回鄉過年前，她特地學了橋牌該怎麼玩，回家時，有人開了一桌麻將，她則拉著爸爸跟另外兩名共謀，組成橋牌隊。這一玩，小櫻才發現爸爸竟是橋牌高手，每玩必贏！

她纏著爸爸教自己秘訣，又不斷找機會讚嘆爸爸高超的牌技，把爸爸逗得既興奮又有點害羞。

那年的除夕夜，是小櫻最難忘的除夕夜之一，向來只坐壁上觀的爸爸一碰到橋牌，立刻生龍活虎起來！

看著從來只默默笑看著大家的爸爸，突然變得熱情、會大笑、臉上有害羞的小小驕傲，小櫻心頭突然感到酸酸的，眼眶熱熱的。

爸爸啊，總是把孩子們的快樂擺在第一優先位置，甚至忘記自己也擁有能讓自己完全開心起來的法寶。小櫻好慶幸自己幫爸爸一起找到能讓他開心又驕傲的事，爸爸也很開心自己還有東西可以跟孩子們分享！

從那年起，他們家從一桌麻將，擴展成一桌麻將加上橋牌進修班，不過，最開心的莫過於小櫻了。現在，小櫻不僅可以向爸爸討教橋牌，還能看見爸爸神采奕奕的模樣，對她來說，這就是最棒的過年團圓方式！

陪爸爸一起瘋籃球

看見爸爸對著電視笑，笑容有點空空的，然後他摸摸自己的嘴角，眉頭皺了一下，突然嘆了一口長長的氣。婉婷每次想起那一幕畫面，心裡頭總會冒出淡淡的不捨……

最近爸爸迷上了美國籃球比賽，著迷程度就像超級粉絲遇上偶像般，幾乎每一場賽事，他都會去追！

婉婷通常下班回家後，會直接進房梳洗，準備休息，每天經過坐在客廳的爸爸，往往只是打聲招呼就算完結了。

有天，她看見爸爸對著電視笑，笑容有點空空的，然後他摸摸自己的嘴角，眉頭皺了一下，突然嘆了一口長長的氣。

婉婷不曉得自己為什麼老是記得爸爸嘆氣的那一幕？

每次想起，心裡頭總會冒出不捨的情緒。

直到有一次，從不吃消夜的她，因為晚餐沒吃，打算回家前先買點吃的再回去，在買滷味時，婉婷打了通電話給爸爸，問他肚子餓不餓？

爸爸說，他不餓，可是也想吃點滷菜頭跟青菜。

回家後，從不在房間裡頭吃東西的婉婷，很自然的坐在爸爸身邊，父女倆一起吃滷味，一面看電視。

那天深夜，爸爸剛好正在追美國籃球ＮＢＡ，鮮少看運動節目的婉婷，看見林書豪投進關鍵一球時，爸爸興奮的跳起來，大聲叫好！

「好啊！幹得好！」

婉婷從未看過爸爸還有這投入又熱情的一面，這時候她突然反思自己是不是太少陪爸爸了？爸爸興奮的程度已經可以用狂熱來形容，轉過頭，看向她時，已經舉高右手，正準備要跟她擊掌！婉婷愣了一下，才伸出右手跟爸爸擊掌。

接著，緊盯著螢幕的爸爸越來越興奮，不時跟她解說籃球的比賽規則，還充當起體育播報員，把運動員的一舉一動給予講評。那個晚上，她見識到爸爸對籃球的熱情，也被感染那股熱情，父女倆在賽事激動處，還會一起站起來加油吶喊！

從天之後，一起相約看球賽，變成他們共同的最佳娛樂。

要好好照顧身體，不然我會擔心喔

某天半夜，莉秋接到從醫院打來的電話，告知她爸爸在家摔倒，目前人已經在醫院急救，要她盡快趕過去一趟！坐在計程車上，她雙手緊捏著皮包帶子，心裡充滿焦躁不安！

自從嫁人後，隨著生活越來越圍繞著孩子打轉，莉秋常常忙到沒時間回家探望爸爸。從一開始的幾個禮拜，到後來甚至幾個月都沒回去，日子飛快的從指縫間溜走，轉眼間，孩子都已經五歲了。

某天半夜，莉秋接到從醫院打來的電話，告知她爸爸在家摔倒，目前人已經在醫院急救，要她盡快趕過去一趟！莉秋把老公搖醒，把大概情況跟他報告後，要他這幾天好好照顧女兒，稍微收拾一下，便出門衝向醫院。

坐在計程車上，她雙手緊捏著皮包帶子，心裡充滿焦躁不安！等她真正見到爸爸時，已經是五小時後的事。坐在病床旁，看著爸爸不知何時變得瘦弱的身子，莉秋心裡泛起一陣陣酸澀，眼眶一熱，立刻抬手偷偷抹去眼角的濕意。

爸爸在這個時候緩緩睜開雙眼，看著她，皺了一下眉頭後，才恍然大悟坐在他面前的人是誰！

「妳來了？」

莉秋點點頭，湊上前，緊握住爸爸的雙手，喉頭像被鉛塊卡住，久久說不出話來。

「我又沒什麼事，只是摔了一跤，沒事，沒事！」爸爸說。

儘管到了這種時候，爸爸還在逞強，明明躺在病床上的人是他，卻還擔心的安慰著她，說什麼自己沒事？莉秋深吸口氣，緩緩開口：

「爸，你小腿骨都摔斷了，醫生說你要好好靜養，其他的事你不要擔心，我會處理好，你就專心養傷吧。」

爸爸張口欲言，想了一下，朝她不好意思地笑笑，才又疲累得睡著。

在爸爸住院期間，莉秋一下班就會過去，也會請老公把孩子帶過來，全家人一起在病房裡吃過晚餐、互道晚安後，他們才離開。經過這次半夜驚魂後，莉秋突然意識到爸爸的身體狀況大不如前，就連爸爸後來出院，她也常領著全家人，回家找爸爸一起吃飯。

現在，爸爸總是會特別期待一星期中的星期五，因為那是女兒一家人會過來找自己一起吃飯的日子！

一起散個步吧？

她看見爸爸在自己說到「肚子上都會纏上一圈肥油、屁股變超大」時，臉色不安地抖動了一下！真想不到啊，原來爸爸也很在意自己的身形吶……

在家吃完飯後，常常就是坐在客廳沙發上，看著電視節目，慢慢把晚上的時間消磨掉。

她發現爸爸越來越常捧著他的大肚子，邊看電視邊嘆氣，好像對自己走樣的身材感到非常不滿！日子一天過過一天，爸爸的嘆氣聲越來越大，直到有天她終於忍不住輕笑出來，問爸爸：

「爸，要不要陪我去散個步？」

「散步？妳不是最討厭運動嗎？居然會約我去散步？」看著爸爸驚訝不已的表情，她再次笑出來！

「因為報紙上有寫，說我們這些上班族只吃不運動，肚子上都會纏上一圈肥油、屁股變超大，最恐怖的是身體裡面的鈣會嚴重流失，講得好可怕，所以我想……」話說一半，她故意停下來看看爸爸的反應，才繼續接著說：「要不要以後吃完飯都去散步個半小時？以免體內的鈣太快流失掉。」

她看見爸爸在自己說到「肚子上都會纏上一圈肥油、屁股變超大」時，臉色不安地抖動了一下！真想不到啊，原來爸爸也很在意自己的身形吶……

她在心中暗笑，覺得爸爸好可愛。

「原來如此。」爸爸依舊一臉正經的模樣，然後點點頭。

「可是一個人散步好無聊，爸，你陪我一起散步啦！這樣我們還可以趁機聊聊天，小小運動一下？這可是一舉數得喔！」她繼續卯起來「利誘」。

爸爸作勢思考了一下，又看她一眼，才開口說道——

「可以啊，為了留住妳體內的鈣。」

她看著爸爸，任微笑悄悄爬上自己的嘴角，點點頭。

「對，為了留住我體內的鈣！」

我的私人網球教練

雅惠說一開始的時候，要離開被窩真的很痛苦。但是當自己跟著爸爸慢慢接觸網球後，她發現不只自己的網球進步了，跟爸爸之間的話題也變多了！

從大學時代起，爸爸就一直參加網球社，直到現在，幾乎每個假日早上，他都會跟球友們一起到家裡附近的學校網球場打球。

雅惠平常跟爸爸沒什麼共同話題，就連在飯桌上，也只是一起默默吃飯，很難真正跟爸爸聊些什麼。

疏離感，這種感覺一直存在於雅惠跟爸爸之間，雅惠一直試著想跟爸爸拉近距離，卻始終找不到要領。

對此，雅惠總覺得很沮喪！

某天假日早上，爸爸突然來敲她房門，問她，要不要跟他一起去學校打網球？

雅惠驚喜之餘，馬上點頭答應。

只是當這個早晨結束，所有伯伯、阿姨們都離開後，雅惠一個人拿著網球拍，繼續對著牆壁練球。原來她的網球技巧，根本不是這群伯伯、阿姨們的對手，才一上場，馬上被打得落花流水，因為球技太差，後來她就默默跑到場邊的牆壁自己對著練習。

爸爸走過來，好勝心頗強的雅惠，立刻纏著爸爸，要他教自己打網球，那天早上，他們一直打到肚子餓到受不了才離開！

這是雅惠第一次感覺到爸爸傾囊相授的熱情，透過爸爸教自己網球這件事，讓她覺得他們之間的關係變得好親密。

尤其當爸爸在她擊出漂亮一球，朝她比出一個大大的「讚」手勢時，雅惠覺得自己開心的像要飛起來。

這可是爸爸第一次給她如此直接的讚美！

下個禮拜，爸爸來敲她房門，約她一起去打球時，雅惠在溫暖的被窩裡掙扎了一下，最後，她想起爸爸教自己打網球時的模樣，終於從暖呼呼的被窩爬出來，跟爸爸一起共赴網球戰場。

雅惠說一開始的時候，要離開被窩真的很痛苦。

但是當自己跟著爸爸慢慢接觸網球後，她發現不只自己的網球進步了，跟爸爸之間的話題也變多了！

一起話說當年的「東方不敗」

十多分鐘後，爸爸走出來時，手中捧著一大堆簡報、照片、電影，來到嘉瑜面前。「喏，就這些。」嘉瑜看著一大疊的收集，噗嗤一聲笑出來！

嘉瑜很迷偶像，爸爸每次在旁邊看了直搖頭，老說搞不懂現在年輕人到底在想些什麼？有一次，嘉瑜買了好幾千塊的演唱會入門票，被爸爸知道後，爸爸又在一旁碎碎唸著「票怎麼那麼貴」這類的話。

嘉瑜坐在客廳裡，嘴裡吃著媽媽剛切好的水果，嘴巴微嘟，表示抗議。

媽媽放下水果盤，從他們面前離開時，涼涼補來一句：

「你自己年輕的時候還不是很迷林青霞？光是『東方不敗』就進戲院看了快一百次！」

「太誇張了，哪有那麼多！」爸爸黝黑的臉色微微翻紅，大嗓門的矢口否認。

媽媽不理會爸爸，逕自又鑽進廚房。

「爸，那你自己說，到底重看了幾次？」逮住機會的嘉瑜，馬上張嘴問。

爸爸支支吾吾了好一會兒，見嘉瑜不打算跳過這個話題，只好吶吶地開口：

「大概只有七、八次而已啦！」

「『大概七、八次』還算而已喔？」嘉瑜輕笑出來，下巴抬的高高的，對爸爸說：「爸，你也很迷偶像啊，只是你那個年代還沒有偶像這個詞嘛！」

爸爸不好意思的轉開視線。

「爸，你那邊是不是有很多關於林青霞的東西，像是照片啦、電影什麼的？」嘉瑜突然很感興趣地問。

爸爸起初不動，後來輕咳了兩聲後站起身，丟下一句「等我一下」後便走進房裡。十多分鐘後，爸爸走出來時，手中捧著一大堆簡報、照片、電影，來到嘉瑜面前。「喏，就這些。」

嘉瑜看著一大疊的收集，噗嗤一聲笑出來！

「爸，原來你也是超級追星族耶！居然還收集報紙相關報導？換作資訊量爆增的現在，你的收集一定會更可怕。」

嘉瑜一面輕笑著調侃爸爸，一面纏著臉紅紅的爸爸拼命問有關林青霞的相關事蹟。

看著爸爸掏心挖肺的分享，和越說越起勁的激昂模樣，嘉瑜突然好謝謝林青霞、好謝謝爸爸曾經對某件事如此著迷，讓她跟爸爸共享了一段愉快的跨時代偶像分享之旅！

相機的傳承

爸爸還告訴阿喬，孩子的成長就這麼一次，照片一定要好好拍，這可是身為一個爸爸最重要的任務之一！

從爺爺的父親那一代開始，爸爸這邊就一直以開相館謀生，到了爸爸這一代，不做相館生意，但爺爺跟爸爸依舊不改對相機的熱衷，既而玩起數位相機跟相片列印。

阿喬小時候就常常撿爺爺跟爸爸玩過的相機來玩，自行摸索相機裡頭各式各樣的按鈕與拍攝技巧。後來念高中、大學、畢業、工作、結婚、生子後，反而漸漸與相機疏離了。

直到有一天，阿喬帶著老婆跟孩子回家，老婆提起孩子下禮拜要參加運動會，阿喬的爸爸問了幾個問題後，默默走回房間，幾分鐘過後，拿出一台相機，交到阿喬手中。

告訴他，那台相機拍動態影像的效果最好，要他好好試試看！

爸爸還告訴阿喬，孩子的成長就這麼一次，照片一定要好好拍，這可是身為一個爸爸最重要的任務之一。

阿喬回家後，拿著相機練習，不懂的地方就打電話請教爸爸，然後再回過頭嘗試。

後來孩子的運動會過了，阿喬帶著照片檔回老家找爸爸，父子倆窩在電腦前面開始對照片指指點點，互相分析那些照片為什麼會拍成這樣，如何拍會變得更好？

以此為契機，阿喬往後幾乎每個星期都會帶著新的拍攝問題，回家找爸爸商討，而爸爸也會傾盡全力幫忙研究各種拍攝技巧！

每當這個時候，阿喬的媽媽就會偷偷躲在一旁看，然後偷偷拭淚。

原來阿喬的爸爸退休後，因為日子一下子失去重心，人漸漸變得有些消沉，阿喬的媽媽十分擔心，便把這件事告訴兒子，再由兒子跟媳婦討論出這個解決辦法。

幾個月後，阿喬的爸爸恢復退休前的生龍活虎！

阿喬常說，爸爸終於重拾以前對相機的熱衷，一個以前培養的興趣，現在卻成了爸爸極為重要的生活重心，與親子之間的重要互動橋樑。

相機，一直是他們家幸福的守護神！

靜靜的一起分享他愛吃的點心

自從媽媽過世後，原本安靜的爸爸變得更加沉靜，有天，玉梅一大早起床，看見爸爸又在小花園裡弄花弄草，她看著那些被照顧得很好的植物，心裡突然好羨慕那些花草……

玉梅的爸爸非常喜歡園藝，為了擁有一個有小花園的房子，不惜在離台北市區較遠的地方購買屬於自己的家。

就連玉梅的名字，也都不免帶了一個「梅」字。

以前玉梅很不喜歡這個字，後來知道這是爸爸把自己最喜歡的植物名稱，放入自己的名字中之後，玉梅才慢慢改變態度，漸漸喜歡上這個有爸爸最愛植物的名字！

自從多年前媽媽過世後，原本安靜的爸爸變得更加沉靜，玉梅自己跟爸爸總是無法很熱絡的聊天，碰面的時間，大概只有每天早餐跟假日。

有天，玉梅一大早起床，看見爸爸又在小花園裡弄花弄草，她看著那些被照顧得很好的植物，心裡突然好羨慕那些花草！

突然間，她腦中靈光一閃，抓起皮包，衝出家門。她終於想到了一個可以跟爸爸一起分享的事情了！

兩個小時後，玉梅手中捧著爸爸最愛吃的紅豆軟綿糕，特地泡了爸爸最愛的高山茶，來到屬於爸爸的小花園。

玉梅其實不知道這種小糕點的正確名稱，只是爸爸都這樣稱呼，她也就跟著爸爸一起這樣叫。

「爸，還沒弄好嗎？要不要先休息一下，我買了你最愛吃的小點心喔！」玉梅把托盤放在小花園中的白色桌椅上。

爸爸從盆栽間探出頭，抹了抹額頭上的汗問：

「什麼小點心？不會是紅豆軟綿糕吧？」

「就是紅豆軟綿糕，爸，你快來吃！」玉梅笑咪咪地說。「我還泡了你最愛的高山茶喔！」

爸爸從自己的小世界走出來，跟女兒一起喝茶吃糕點，一面欣賞小花園裡頭漂亮的景致。

「這個不是要到台北市才有得買，妳怎麼去？」爸爸突然問。

「坐公車再轉捷運啊！」玉梅笑得更加燦爛。「我想給你一個驚喜。」

爸爸想了一下後，開口吩咐。

「以後還是讓我開車載妳去買吧。」

「不行喔，我們分工，爸爸整理花園，女兒負責買點心。」

「那以後就等我整理好花園，我們再一起去買點心回來吃？」

「好！」

那天，他們靜靜坐在花園一隅，雖然後來都沒有再開口說話，只是靜靜吃著茶點，但體貼彼此的心意，比任何言語都還溫暖他們的心……

聽爸爸唸職務經的幸福

直到有一次，爸爸出了嚴重車禍，躺在醫院裡，嘴巴戴上呼吸器時，藍星看著根本沒辦法對自己說話的爸爸，淚流滿面，心裡唯一想的事情居然是──好想再聽見爸爸碎碎唸他的職務經……好想……好想……

藍星以前很不喜歡聽爸爸碎碎念他的經營理念和工作職務經，直到爸爸發生一場大車禍後，她才恍驚覺到，能夠聽爸爸碎碎唸，雖然很細碎，但其實這就是家庭幸福的一種！

藍星爸爸經營一家員工約莫五人的小公司，常常回到家中後，依然還是會跟員工或是廠商通電話。像是大家吃完飯，一起坐在客廳聊天時，爸爸會突然接起手機，一講就沒完沒了！最可怕的是一掛上電話，爸爸在工作中的焦慮，就會演變成一場演講，開始對全家人說起經營策略的道理與職務經。

每當這個時候，藍星便會藉故工作沒做完或是其他理由，閃身入房。

直到有一次，爸爸出了嚴重車禍，躺在醫院裡，嘴巴戴上呼吸器時，藍星看著根本沒辦法對自己說話的爸爸，淚流滿面，心裡唯一想的事情居然是——好想再聽見爸爸碎碎唸他的職務經……好想……好想……

後來，爸爸身體恢復健康，從醫院回到家裡，原本熱衷工作的爸爸突然變得有些閒散。

藍星知道爸爸雖然身體好的差不多了，但車禍的陰影一直留在爸爸心中揮之不去！

某天，藍星故意向爸爸請教工作上的事情，爸爸眼睛頓時一亮，開始對她滔滔不絕講起自己的看法。

藍星在爸爸幫自己分析完後，對爸爸說了一句：

「爸，謝謝你，如果沒有你幫我分析，我真的不知道該怎麼解決才好，爸，你在這方面真的好厲害！」

從那天起，爸爸每天晚餐時間，都會稍微報告一下他當日的工作心得，以前藍星聽了覺得煩的事，現在卻津津有味的聽著。

因為她知道，爸爸這次真的痊癒了！

當爸爸的助手

「我最近打算種些楓樹，這樣我們春天跟秋天都可以欣賞到很豔麗的風景，妳覺得好不好？」玉梅聽見爸爸的問句，轉過頭，看著爸爸問得很認真的臉，回答。
「我覺得不好！」見爸爸狠狠愣了一下，玉梅馬上噗嗤一聲笑出來……

自從玉梅和爸爸一起欣賞他辛苦照顧的小花園，一面享受好吃的茶點後，原本很難展開話題的關係，漸漸有了一點點小進展。

話說，在某個夕陽西斜的午後，玉梅和爸爸坐在花園角落裡，手中捧著飄起裊裊白煙的高山茶，靜靜看著花園裡的花花草草，進行一些簡短的對話時，發生了一件小小的進展。

「爸，我注意到了喔，這禮拜有三株吉野櫻都開花了耶，整個花園都粉粉的，好漂亮，好像來到日本京都一樣！」玉梅興奮地讚嘆著。

「嗯，這幾天天氣溫度夠冷，日夜溫差也夠大。」爸爸冷靜到家地分析著。

「原來如此啊，氣溫夠冷就會開花？」

「楓葉也是這樣。」

「楓葉也是？爸，你沒有種楓葉，怎麼會知道？」

「我最近打算種些楓樹，這樣我們春天跟秋天都可以欣賞到很美麗的風景，妳覺得好不好？」

玉梅聽見爸爸的問句，轉過頭，看著爸爸問得很認真的臉，感覺此刻能夠跟爸爸閒聊的自己，真得好幸福。突然，她心裡起了小小的捉弄意圖，故意搖搖頭。

「我覺得不好！」見爸爸狠狠愣了一下，玉梅馬上噗嗤一聲笑出來，溫柔地開口：「現在爸爸花園裡的這些寶貝，已經常常把爸爸累得滿頭大汗，要是再種楓樹，爸爸肯定更累！除非……」

她故意話說一半，留半句。

「嗯？」爸爸好奇的張大眼睛。

「爸爸答應讓我一起幫忙，這樣我才答應讓爸爸種點楓樹！」玉梅臉上掛著大大的微笑，開出條件。

爸爸聽了，先是怔然久久，過了幾秒鐘後才好像終於聽懂玉梅說了什麼，回過神，低笑開來。

「好吧！我讓妳當我的園藝助手，妳讓我種楓樹。」爸爸一笑，飽經風霜的魚尾紋立刻躍上他眼尾！

「嗯！」看著爸爸眼角大大的魚尾紋，玉梅用力點點頭。

參與爸爸感到驕傲的事

寶香想起爸爸以前逼自己練習時，自己常常沒給爸爸好臉色看，甚至好幾次賭氣故意游得特別慢，要惹爸爸生氣。每次想起這些過往，她心裡總覺得對爸爸好愧疚喔……

寶香的爸爸年輕時，是個非常厲害的游泳國手，還曾拿下許多傲人的成績！

小時候，寶香總是被爸爸逼著學游泳，而且還必須越游越好，爸爸甚至會拿著馬錶，站在游泳池畔，替她認真計時。

在她的記憶中，當別的小孩都在水裡玩耍、胡亂打水仗時，自己卻被迫嚴肅面對游泳這件事。大概正因如此，寶香從小便對游泳產生一點排斥感，上大學以後，脫離家庭的她，樂得再也不需要有負擔的游泳。

大學畢業後，寶香在尚未找到工作之前，先做起游泳教練的工作，時薪從三百元開始起跳。直到那時候，她才猛然驚覺到原來爸爸以前對自己的嚴格要求，不僅能讓她身體健康，還能讓她擁有一項能夠賺錢的技能！

寶香想起爸爸以前逼自己練習時，自己常常沒給爸爸好臉色看，甚至好幾次賭氣故意游得特別慢，惹爸爸生氣。每次想起這些，她心裡總覺得對爸爸好愧疚。

後來她順利找到工作，假日回老家時，總會找爸爸一起去游泳，藉此機會告訴爸爸自己一直都有在游泳，沒有辜負他對自己的教導，有時候，甚至還會故意狗腿的讚美一下爸爸。

例如：爸，你現在游泳的英姿，還是一樣帥氣吶！或者是：爸，你真是老當益壯，老實說喔，你平常是不是都有在偷偷練啊？

每次爸爸聽見她半撒嬌似的讚美，總是笑得連眼睛都看不見！看著爸爸被自己逗得很樂，寶香心裡就覺得很溫暖，有一次她趁著機會，對爸爸說。

「爸，謝謝你在我小時候強迫我練游泳，讓我可以體會游泳的樂趣，以前不懂事，覺得這樣游泳好討厭，可是我現在真的很感謝爸爸喔！」

寶香說到這裡時，眼眶突然漸漸泛紅。

她說，自己跟爸爸說出這些話時，爸爸鼻子一酸，馬上轉過臉，好像情緒激動得當場落下了兩滴男兒淚……現在寶香假日回家時，一定會約爸爸一起去游泳，看見爸爸再次拿出久違的馬錶時，她心中沒有壓力，只有滿滿的甜蜜！

坐爸爸的車去兜風

半夜11點半，她衝出家門，正要跳上計程車，剛好看見又要開車出去「兜風」的爸爸，正好把車開出車庫，降下車窗，問她。「這麼晚了，要去哪？」

爸爸工作壓力大的時候，就喜歡把他的老爺車開出來，沒有目的的在街上或是上陽明山晃個兩圈再回家。以前她從沒想過要參與爸爸的「紓解壓力之旅」，直到有一次，孤身上來台北工作的朋友突然打電話給她，說自己肚子痛到在地上打滾，問她可不可以去看看她？

半夜十一點半，她沒多想，馬上就答應了。衝出家門，正要跳上計程車，剛好看見又要開車出去「兜風」的爸爸，正好把車開出車庫，降下車窗，問她：

「這麼晚了，要去哪？」

她把事情快速交代一遍，爸爸二話不說，要她立刻上車，順便把朋友的地址告訴他。

她起先猶豫了一下，吶吶問：「可是爸……你不是正要出去散心？」

爸爸哭笑不得看她一眼，冷冷拋下一句：「妳這孩子在說什麼傻話？快點上來，我們帶妳朋友去掛急診！」

朋友很快被送到醫院，做完緊急處理後，確認是急性盲腸炎，情況嚴重到必須馬上開刀。

等朋友的父母一趕到台北時，早已完成手術，朋友也已經醒過來。

直到一切都處理完畢後，朋友們一家人不斷向爸爸道謝，爸爸只淡淡的一直說：「應該的、應該的」。

等到他們一起走出醫院、坐上車子時，她看著爸爸開車時的側臉，對爸爸輕聲說了句：

「爸～～謝謝你。」

爸爸對她笑了笑，沒說話。

她又問：

「爸，以後你要出去兜風散心時，我可不可以跟？我也常常覺得工作壓力很大，需要稍微舒壓一下。」

爸爸聽了，輕笑出來。

「妳這孩子又再說什麼傻話，當然可以跟啊！這樣爸爸就有個可以吐苦水的對象，真是一石二鳥的好辦法啊。」

從此以後，坐爸爸的車去一起兜風，成為他們最親密的相處時刻！

一起完成爸爸的心願

她計劃要到北海道自助旅行，爸爸知道後，很擔心她自己一人出國會不會有危險？於是她馬上趁勝追擊，邀請退休的爸爸乾脆陪自己一起去！

爸爸有個姊姊，在他們都還很年輕的時候，就遠嫁到日本北海道，從此再也沒有回台灣過。

從媽媽那邊斷斷續續聽到的片段拼湊起來，故事大概應該是當時爸爸這邊需要獲得日本相關技術的支持，因緣際會下，爸爸眼睜睜看著姊姊與當時的男友分手，遠嫁到日本去。

媽媽說，這兩個人一個愧疚，一個心中有怨，想要再次見面恐怕不容易吶！

媽媽還說，他們剛結婚時，自己也勸過好幾次爸爸，甚至約他一起去日本看他姊姊，但爸爸總以沒時間當作理由拒絕。

自從她知道這段過去後，發現每次電視介紹北海道旅遊時，爸爸就會特別注意影片裡報導的相關內容，或者是新聞裡提到北海道有災難時，爸爸就會看得眉頭都皺起來！

她把這件事放在心裡，直到爸爸終於退休了。

她計劃要到北海道自助旅行，爸爸知道後，很擔心她自己一人出國會不會有危險？於是她馬上趁勝追擊，邀請退休的爸爸乾脆陪自己一起去！

爸爸起初不答應，直到她要出發的前兩天，才突然問她現在買機票來的及嗎？兩人到北海道後，她用半騙、半強迫式的方式，拉爸爸一起去探望他的姊姊，當他們站在大門前時，她發現爸爸竟然在發抖！

門一開，現場三個人愣在原地很久，最後他們進了屋子，三人坐下來喝茶，面面相覷。她率先打開話匣子，自己報告在台灣的一切和爸爸這些年所表現出來的愧疚。

爸爸靜靜的，沒說話，卻也沒有阻止她說話，只是一個勁兒的看著他許久不見的姊姊，情緒激動，面部僵硬。

她有話說到沒話，不過，她發現自己踴躍的發言，給足這對姊弟情緒緩和下來所需要的時間與空間。氣質早已宛如日本女人的姊姊，從剛開始的僵硬與錯愕，慢慢的，眼神中流轉出溫柔與包容，尤其在她報告爸爸每次看到北海道相關新聞的專注時，嘴邊甚至有朵柔和的微笑。

那天，他們姊弟到最後已經能自己溝通閒聊起來，爸爸一句：「姊，對不起，這些年妳過得好不好？」讓兩個年過半百的人，眼眶瞬間紅的不像話。

晚上他們回到旅館後，她發現爸爸坐在榻榻米上，背對著房門，肩膀一聳一聳的。她走過去，輕輕拍爸爸的背部。

幾分鐘後，爸爸傳來悶悶的聲音：「女兒啊，謝謝妳幫爸爸所做的這些。」

她輕笑開來，對爸爸說：「爸，你是不是說錯了什麼？我才應該謝謝你陪我來北海道玩！」

等爸爸轉過頭時，已經收拾好自己的情緒，看著自家女兒舒心的笑開。

「爸，我們現在要不要去享受一下北海道的溫泉？」她問。

「……好。」

跟他一起走到捷運站

小菁說，她知道這是奢侈的小幸福，因為再過不久爸爸就要退休了，屬於現在的幸福時光將會消失不見！但小菁一點都不覺得可惜，因為她已經牢牢抓住屬於這一刻的幸福了。

小菁說，她最喜歡每天早上通勤時，從家裡走路到捷運站的那一小段時間，總是希望這段路可以稍微長一點。

朋友們聽到後，個個瞠目結舌，心中頓時困惑橫生！

上班是件多麼緊張又匆忙的時刻，大家都恨不得能夠插翅快點飛進公司打卡，居然有人會說——希望這段路可以稍微長一點？

小菁——她瘋了嗎？

個性不疾不徐的小菁，看見大家困惑的臉色也不急，慢慢喝口茶後，才緩緩說道：

「因為那是我跟爸爸一天當中，最親密的時刻！」

原來，小菁原本可以搭公車到公司，兩種交通工具所耗費時間一樣，不過捷運需要紅線轉藍線，比較麻煩。

可是小菁為了可以跟爸爸一起從家裡走路到捷運站，毫不猶豫選擇了搭乘捷運上班。

小菁說，這對別人來說可能沒什麼，可是她很喜歡能夠陪爸爸一起出門，一起走在清晨的街道上，聽見他們發出的腳步聲，偶爾還會閒聊幾句生活中的瑣事，或是趁這個機會，瞞著媽媽，計劃要給媽媽一個小小的生日驚喜！

這段時間不長，聊的事情也很瑣碎，卻是她一天當中跟爸爸最親近的時刻，尤其在捷運上，看著爸爸站在跟自己不同的位置等待車進入月台，小菁心裡總會盈滿幸福的感覺。

小菁說，她知道這是奢侈的小幸福，因為再過不久爸爸就要退休了，屬於現在的幸福時光將會消失不見！

但小菁一點都不覺得可惜，因為她已經牢牢抓住屬於這一刻的幸福了。

PART 3

和爸爸一起共度新鮮生活的那些片段

誰說新玩意兒不適合老人家？只要把3C產品放到他們手中，憤怒鳥遊戲也可能成為他們的最愛！

雯欣的這一盒拼圖

就在此時，剛才的任性突然湧上心頭，在壯闊的大霸腳下，雯欣突然被一抹羞愧輕輕環繞。每個人的每條路，都必須靠自己去走，別人替代不了。所以父親才會說，看她自己的意思。

看著被貼滿星星的天花板，沉沉睡去，這幾個月，雯欣又收集到好多片美麗佳景，拼放進旅行台灣的大拼圖裡。

小時候的雯欣其實很不愛運動，不喜歡跑步、登山、游泳、打球，所有需要動的活動，雯欣都能避則避。

或許正因如此，所以雯欣從小身體就很不好，愛登山的父親為了讓她加入他熱愛的活動，想出一個遊戲，叫做「風景大拼圖」。

第一次聽到這個沒什麼吸引力的「風景大拼圖」時，雯欣手裡還抓著課本，一邊聽著父親興高采烈的講解，一邊意興闌珊地看著父親，心裡想著明天的考試。

遊戲規則是雯欣必須跟著父親去登山，每完成一個目標，或是沿途收集到感動她的故事，就是一塊記憶拼圖，等雯欣收集到一百塊拼圖時，父親答應，他會完成雯欣的願望，任何願望都行。

很明顯的，這是一個騙小孩子的遊戲。多虧父親還特地想出「風景大拼圖」的包裝策略。

那個晚上，雯欣冷眼看著向來不多話的父親，本想拒絕，卻在他眼中看見擔憂神色，不曉得他是擔心自己的提議被拒，還是擔心她的身體，一個恍神，換來一時的鬼使神差。雯欣居然點頭答應了？從此以後，一場父與女暗潮洶湧的戰爭就此展開。

與父親一起收集到的第七塊拼圖時，雯欣告訴父親，等收集到第一百塊拼圖時，她要一台變速腳踏車。父親微微愣了一下，隨即笑了笑，彷彿在說，這個簡單，沒問題。

第七十六塊拼圖，大霸尖山，這並不是記憶中最難登爬的一座山，卻是讓雯欣最想要放棄的一座山。

大霸尖山，名中有「霸」字，果然霸氣十足，一行人才剛到中霸的山屋，雯欣就興起想打退堂鼓的念頭，父親也不逼她，只淡淡說了句，看她自己的意思，就不再說話。看著眼前執拗的側臉，雯欣突然發現父親臉上竟出現老態，半垂下的眼皮顯得有些疲累。

那趟路，雯欣硬著頭皮走完了。當自己一抬頭，仰望氣勢逼人的大霸時，雯欣偷偷屏住呼吸，被眼前霸氣十足的大霸尖山狠狠震住！

大霸群峰果然撐得起這個「霸」字。大家抵達時，剛過中午，太陽很烈，日頭白光將峰頂襯得更加威霸尖猛。

他們走在通往霸基的鐵扶梯上，每走一步，便會越發自覺渺小。就在此時，剛才的任性突然湧上心頭，在壯闊的大霸腳下，雯欣突然被一抹羞愧輕輕環繞。

每個人的每條路，都必須靠自己去走，別人替代不了。所以父親才會說，看她自己的意思。

日子一天天過去，這個世界什麼都在變，唯一不變的是雯欣跟父親的約定，在雯欣唸大學四年級時，已經收集到第七十六塊拼圖。

那天回家後，雯欣泡了一杯父親最愛的高山茶，送到他手邊，對他說：「等我收集到第一百塊拼圖時，我想要一輛跑車，等念研究所時，我想實現開跑車去學校上課的夢想。」

父親聽了，全身僵了一下，經過好久時間都回不了神。

看著父親呆掉的模樣，雯欣有些得意，拼命忍住心底不斷噴湧出來的笑意，搶在自己爆笑出來之前溜回房間，把頭埋進棉被裡，好好大笑一陣！

一起立下攀越高峰的目標

看著那張支票，雯欣的眼淚又潰堤了。跑車只是她逗著父親的玩笑話，故意捉弄父親那天對她冷淡的小小報復行為，沒想到父親居然當真，更沒想到……

在雯欣大四畢業前夕，父親突然發生車禍過世了。

大霸尖山，是泰雅族人心目中的聖山，從此，也是雯欣心中最重要的一座山。

父親過世後，雯欣便不再收集拼圖，儘管只是計畫去登山，也能讓她想起那段一起為登山做準備的回憶。

回憶是甜的，但擾人的眼淚總是會不請自來，所以雯欣拒絕所有以前登山好友的邀請。

一年後，雯欣考上研究所，母親抱著一百萬到她面前，解釋這是父親生前省吃儉用存下來的錢，說是要給她買跑車用的。

看著那張支票，雯欣的眼淚又潰堤了。

跑車只是她逗著父親的玩笑話，故意捉弄父親那天對她冷淡的小小報復行為，沒想到父親居然當真，更沒想到……那會是父親帶她去收集「風景大拼圖」的最後一次。

雯欣把一半的錢交給母親，另一半以父親的名義捐出去。

半年後，雯欣又開始回頭找老夥伴們，一起繼續未完的「風景大拼圖」。

歷經四分之一個世紀，雯欣終於收集到總共一百塊「風景拼圖」：嘉明湖。

天空一片淡淡的藍，稀薄的雲像孩子們手中雪白的棉花糖，被淘氣地拉扯開來鋪滿整片藍空，遠處層層山巒，或遠或近，交織出墨色深淺有秩的蒼美氛圍，近處的草坡碧綠耀眼，向下凹陷的弧度優美，像銀湯匙上剛融了一顆璀璨的藍寶石。

寶藍色的嘉明湖面望著天，雯欣看著湖，每個視線的凝望都是一份讚嘆！

在離開第一百塊拼圖前，雯欣對著清澈湛藍的湖面，以指為筆，在泥土地上寫字，跟父親索討曾承諾過的願望。

爸，請你一定要過得很好。

品嘗與學習高山茶的滋味

接著，一種、一種口味慢慢沖泡，講究地嚐試，討論飲後的感覺。有時候遇到小口喝茶，似乎喝不出個所以然時，父女兩人眉頭一皺，便會開始牛飲起來，展現出非得每一種口味都喝出個心得不可的盛大氣勢！

家敏一向只愛喝咖啡，爸爸則鍾愛白開水。

爸爸對生活的想法也跟白開水很像，只想要單純且寧靜的過一輩子就好！對爸爸來說，以前戀愛的時候，爸爸帶媽媽到處去玩；在她念書時代，爸爸帶全家人一起出去玩；等他老了，則希望由家敏帶他出去玩。

爸爸對於「玩」的定義，也有他個人特殊的解釋，爸爸所謂的「玩」，只要是他沒接觸過的東西，都可以列入範圍裡。

爸爸認為自己講得很具體，但家敏翻來覆去的想，總覺得非常抽象！

一天，爸爸的朋友無意間送他們一罐桂花茶，恰巧家裡的咖啡剛好喝完，家敏於是嚐試喝看看熱茶。在她剛把茶泡好時，一陣陣清新淡雅的茶香立刻飄進爸爸鼻子裡，在飲品方面一向各有堅持的父女倆，對於當下口中的茶香同樣驚為天人！

從此以後，便展開他們一起追逐好喝茶葉的旅程。

在他們最著迷的時候，平日裡，爸爸跟她兩人分別到處收集各種茶葉，能小包購買就小包購買，不能的才用公克秤重購買。

重頭戲在假日，一到星期六或星期天，他們便會把各式各樣的茶葉包裝灑在桌面上，先熱烈的交頭接耳一番，非把每一種茶葉的來歷介紹清楚後，兩人漸漸靜下心來。

接著，一種、一種口味慢慢沖泡，講究地嚐試，討論飲後的感覺。

有時候遇到小口喝茶，似乎喝不出個所以然時，父女兩人眉頭一皺，便會開始牛飲起來，展現出非得每一種口味都喝出個心得不可的盛大氣勢！

最誇張的是家敏真的會認真做筆記，這項他們父女熱衷的小小遊戲，不過短短一年時間，筆記本已經寫完整整兩大本。

家敏講述這段被她當作「趣聞」來說，跟爸爸的相處過程時，嘴角的微笑一直沒停過。

她說，跟爸爸一起投入了解茶的世界，擁有共同話題，還可以每周喝到各式各樣好喝的茶，真的是一件非常幸福的事情！

爸爸是女兒最棒的購車顧問

「遇到這樣的機車騎士，不要跟對方爭，讓對方先走，否則有人因此而受傷就不好了。」爸爸說得很認真，不過，韻琄正忙著從地上撿起因緊急剎車滑出來的文件夾，她一一撿起，放到腿上看，緩緩屏住呼吸——

自從搬到新北市後，離家獨立的韻琄便一直想買一輛便宜又省油的代步小車。原本韻琄因為預算的關係，想要隨便買輛就算壞掉也不會心疼的二手車，跟爸爸商量後，很快被爸爸推翻掉。

爸爸的理由是——她一個女孩子家，本身也不懂車，開一輛可能隨時會出現狀況的車，對她來說實在很危險，再者，二手車狀況有好有壞，總歸一句，爸爸希望她可以買一輛便宜的原廠小車。

韻琄對車子真的很不了解，聽爸爸說得頭頭是道，自己事後找資料時，也發覺爸爸的話似乎很有道理！

因為有了先前請教的經驗，讓她對爸爸買車的眼光信任倍增，等她心裡有譜時，便邀請爸爸陪自己一起去購車。

爸爸想也沒想，一口就答應了，還跟韻璟要了她中意的幾個車款。

到了試各種車款當天，爸爸帶著一個厚厚的夾子出現，在車商現場時，韻璟赫然發現爸爸好幾次幾乎都比銷售員講得還詳細、用詞更簡單明瞭，讓她能一聽馬上就懂！

韻璟試車時，爸爸也不斷叮嚀她現在應該感覺什麼，試試手感，還是下車時車座對她來說會不會太高……等等。

有了爸爸細心的提醒，韻璟當天就決定好車款。

在下決定時，她把自己的想法告訴爸爸，爸爸仔細聽著，思忖了一下後，點點頭。「我也覺得這台車比較適合妳。」

聽見爸爸這樣說，她心裡更加確定得就是那輛車了！

在回家途中，韻璟笑咪咪的坐在爸爸車上，突然，一個蛇行的機車騎士從他們身邊竄過，爸爸立刻踩下剎車，趁機現場教育她。

「遇到這樣的機車騎士，不要跟對方爭，讓對方先走，否則有人因此而受傷就不好了。」

爸爸說得很認真，不過，韻璟正忙著從地上撿起因緊急剎車滑出來的文件夾，她一一撿起，放到腿上看，緩緩屏住呼吸——

那疊紙上密密麻麻寫滿了好多筆記，而上頭的資料，通通都是她原先正在比較的車款資料。韻瑅感動的看向爸爸，難怪爸爸可以了解的車場銷售員還多，原來是爸爸早就先找過相關資料深入了解過一遍。

她紅著眼眶，對爸爸說：「爸爸，謝謝你啦！還有喔你今天幫我分析那些車子的樣子，真得好帥……」

爸爸快速瞄她一眼，許久後才不好意思地開口。

「傻孩子，跟爸爸說什麼謝謝。」

衝向他最愛的魚市買新鮮貨

爸爸看若晨一眼，對她說：「看吧，我就說吃了活跳跳的海鮮，會讓人變得很有元氣喔！」若晨聽了，馬上輕笑出來，偷偷在心理補充道：「根本才不是海鮮的原因呢！」

若晨的爸爸除了愛吃台灣各地小吃外，也非常喜歡新鮮的魚貨，常常一個人載著好幾個冰櫃，一路南下，到他喜歡的魚港購買大批大批魚貨！以前她從來不跟，因為那必須一大早從溫暖的被窩裡爬出來，光想到這一點，若晨就覺得意興闌珊。

有次，她失戀，失魂落魄半個多月都不見心情好轉，在一個失眠到早上的假日，爸爸突然跑來敲她房門。

「若晨，醒了嗎？」爸爸說話聲音也不敢太大，深怕萬一她睡著了又把她吵醒。

若晨忍了好幾分鐘，沒有回應。

直到爸爸拖鞋的聲音正朝反方向移動時，她也不知道為什麼，突然跳下床，打開房門問爸爸：「爸，我醒了，有事嗎？」

「爸爸把妳吵醒了嗎？」爸爸轉過身，臉上有些抱歉。

「沒有，我一直都睡不著。」若晨主動招認。

「又失眠啦？」爸爸露出擔心的表情。

「嗯。」若晨垂下頭。

「跟爸爸一起去漁港，吃一些生龍活虎活跳跳的海鮮，會讓自己變得很有元氣喔！」

「爸～～」聽見爸爸熱情的邀約，若晨微微皺眉。

「不去嗎？」

她抬眼，看見爸爸擔心的模樣，想拒絕的話根本說不出口，只好點點頭說。「好吧！」

兩人第一次凌晨、天還沒亮，瘋狂開車南下，就只為了買新鮮好吃的魚貨，途中，爸爸交給她一張紙，上頭寫滿家裡附近鄰居託買的各種海產。

她驚訝地看向爸爸。

「爸，你跑單幫喔？」

「妳又想到哪裡了？那些都是鄰居託買，等一下妳幫看一下，盡量不要有漏掉，大家可是都很期待爸爸帶回去的海產喔！」

若晨點點頭，一大清早，跟爸爸在魚市場東奔西跑，好不容易把清單上的東西通通買齊，她早已滿頭大汗！

東西丟上車後，爸爸突然對她招招手，給她一顆五十元的新鮮海膽，若晨吃下一口，這才終於體會到什麼叫「鮮甜」。

回程時，不知是幫大家買齊了期待中的海產，還是吃了很美味的新鮮海膽，也有可能是在清晨跟爸爸一起完成某件事的感覺，若晨多日來的陰霾，突然通通一掃而空！

爸爸看若晨一眼，對她說：

「看吧，我就說吃了活跳跳的海鮮，會讓人變得很有元氣喔！」

若晨聽了，馬上輕笑出來。

她看著爸爸開始輕哼起歌的側臉，偷偷在心理補充道：「才不是海鮮的原因呢！不過，爸，謝謝你喔……」

和爸爸走進書的世界

雖然爸爸每次給的評語都不長，有時候甚至只有點點頭，或是指出哪裡可以更好，但每當爸爸對自己說出那些話時，書曦就會覺得自己跟爸爸很親近！

小時候，爸爸的書房就像禁止進入的重要軍事基地一樣，除了爸爸，全家其它成員「如未受到爸爸邀請」，一律不准擅自進入。

書曦從小就對很多事情，都有強烈的好奇心，好幾次都趁家裡大人在忙時，偷偷溜進去找樂子！她小學六年級，溜進去不知到第幾次時，從爸爸書架上抽了厚厚一大本的紅樓夢，蹲在地上翻了一下，怕被發現，又匆匆把書放回書架上。後來，書曦在市立圖書館的兒童室中，發現了有圖畫版的紅樓夢，興奮之餘，立刻借回家閱讀。

國中時，老師鼓勵她參加一個學生的文學獎比賽，為了這件事，爸爸每晚把她叫進書房裡，父女倆一起伏在案上書寫。

等書曦寫完，把寫滿整張紙的東西交給爸爸看，等待爸爸發出評語前的那段時間最緊張。

雖然爸爸每次給的評語都不長，有時候甚至只有點點頭，或是指出哪裡可以更好，但每當爸爸對自己說出那些話時，書曦就會覺得自己跟爸爸好親近！

很幸運的，那次比賽她得到一個佳作，爸爸把獎狀裱框，掛在客廳最顯眼的地方。

書曦對獎狀沒什麼太大的感覺，最開心的是爸爸居然答應她以後可以進書房借書，或是把寫好的文章拿給他看。

她第一本借的書，就是紅樓夢！

看著爸爸臉上微訝的表情，她開心地笑了。

從此以後，書曦便常常跟爸爸借書，長大後，彼此分享自己手中的書，直到現在爸爸已經七十多歲了，他們還是常常關在書房裡一起看書。

以前書房是禁止進入的區域，現在則是書曦跟爸爸交心談天的美好天地。

這是新學的菜，請爸爸多多指教

「爸，過來幫我一起嚐嚐看，看好不好吃？」「我女兒做得一定好吃！」爸爸連吃都還沒吃，就想替她拍胸脯保證的模樣，讓她臉上的微笑又多添了幾分好氣又好笑。

在大學畢業以前，她從來沒有動手自己做過一頓飯，每天不是吃外食，就是爸爸煮。漸漸的，隨著年齡越來越大，自己也跟著越來越成熟懂事，想學的東西也越來越多！有天，她自己上網查了一下義大利麵的煮法，自己抓起購物袋去超市買了一堆食材回來試著做。

假日下午跟朋友打完羽毛球回來的爸爸，甫進門，隨著聞到的食物香氣，一路來到廚房——

「真是太難得了喔，我的女兒居然在煮飯？」

她一轉身，看向門口，馬上發現爸爸開心的笑臉！

「爸，不要糗我啦！」她輕笑出聲，撒嬌地看著爸爸。「我快弄好了，你要不要先去整理一下，然後過來幫我一起嚐嚐看，看好不好吃？」

「我女兒做得一定好吃！」

爸爸連吃都還沒吃，就想替她拍胸脯保證的模樣，讓她臉上的微笑又多添了幾分好氣又好笑。

「就怕你會這樣說，你不批評，我要怎麼進步呢？」她搖搖頭。

「好，好，我會認真吃，給妳意見。」

「那我就先謝謝爸囉！」

等爸爸坐上餐桌，她端上兩盤秀色可餐的義大利麵時，已經是十多分鐘後的事情了。

爸爸才剛吃進第一口，慢慢咀嚼，彷彿正在享受這一口義大利麵，然後嚥下，認真看著她說：

「女兒，真的好吃！妳實在很有做菜的天份。」爸爸朝她豎起大大的拇指！

「爸，不行啦，一定要講缺點。」看見爸爸對自己比了一個讚的手勢，她馬上笑得眼睛開花，不過，為了自己的廚藝好，她還是請爸爸一定要講出自己的缺點。

「缺點？」爸爸愣了一下。

「對，要講出十個優點，十個缺點。」她最後乾脆硬性規定。

「這麼嚴格？看來吃妳這盤麵還真是不容易啊！」

聽見爸爸開玩笑的抱怨，兩人相視一笑，這時的她才發現，原來做菜跟爸爸一起吃，竟是一件這麼幸福的事情。

孩子眼中的「超級阿公」

直到回家前，爸爸已經是這兩個小孫子眼中的「超級」厲害人物。坐在搖搖晃晃的公車上，聽著兩個孩子吵著下禮拜也要來找阿公時，佳芬心裡比他們任何一個都還要高興！

結了婚，已經生有一男一女的佳芬，擔心自己一個人住的爸爸會覺得太孤單，於是便想方設法試著常常回去看爸爸。

孩子大了的時候，因為課業繁忙等因素，假日又想賴在家裡休息，好說歹說都不肯跟她一起出門，再加上她自己也是天天公司、家裡兩頭忙，真正能休息的機會也不多。

如此一來，佳芬想拉孩子去看看爸的機會又更少了。

佳芬在孩子們上小學後，某天，自己打開行事曆算算時間，赫然發現居然已經快半年沒回去看過爸？

想到這點，她眉頭不自覺皺緊！

直到有天，佳芬跟孩子們在家看電視，電視裡頭正在廣告Wii，心頭老是掛念著爸爸的佳芬，突然靈光一閃！

那個假日，佳芬立刻跑去買了一台Wii放到爸爸家，跟原本就很喜歡打任天堂的爸爸，一起把機器組裝好。

下個禮拜，佳芬故意假裝不經意透露阿公家有Wii，再問兩個孩子要不要跟她一起去阿公家？兩個孩子馬上說要，讓佳芬不禁感嘆，遊戲機的魅力還真是強大。

到爸爸家時，佳芬發現爸在玩一款釣魚遊戲，正玩得興致高昂！很快的，兩個孩子也加入阿公的行列，祖孫三人玩得不亦樂乎，結果爸爸玩釣魚遊戲的技巧還比兩個小孩好。

直到回家前，爸爸已經是這兩個小孫子眼中的「超級」厲害人物。

坐在搖搖晃晃的公車上，聽著兩個孩子吵著下禮拜也要來找阿公時，佳芬心裡比他們任何一個人都還要高興！

和爸爸一起攀岩

腦子一分神，再加上體力不支，難度又比較高，最後手腳一滑，她就這樣活生生從兩樓高的高度飛快往下降！「啊！」她嚇得當場叫出來。

這輩子她第一次攀岩，就是跟爸爸一起去的！印象中，湯姆克魯斯好像就在電影不可能的任務其中一集，大玩帥氣的攀岩技巧，爸爸第一次約她去玩攀岩時，她心中只有一個想法：放過我吧！直到爸爸跟她穿上整套安全裝置的服裝，一起踏進室內攀岩場時，她才赫然發現事情並不如她所想的那樣危險。

不過，當她看著直立的牆面，上頭只有幾塊突起物可以抓著往上爬時，心裡依然嘀咕著：今天不是應該攤在沙發上的假日嗎？爸爸很包容，沒有把她內心的痛苦哀嚎挑明說，只是要她先上去，自己則在下面當她的後盾。所謂的後盾就是——萬一她不小心手滑，從半空掉下來，綁在自己跟爸爸身上的繩子就會起作用，爸爸會拉住繩子，避免她直接從高處往下掉！

她一開始爬得有些意興闌珊，可是慢慢的……她的專注力越來越集中，越玩越上手。兩個小時過後，馬不停歇的她，已經挑戰完初階與中階的那四條路線，就在她想繼續往更高難度的挑戰時，爸爸出聲了。

「妳先休息一下，體力不足時玩會很危險。」

「可是我還想挑戰！」她正玩出心得，如果不是爸爸喊聲阻止，她實在很有可能立志今天挑戰完全部的路線。

「我就知道妳跟我一樣，會喜歡上攀岩。」

「再爬一條路線就好，我就乖乖坐在下面。」她討價還價。

「好，最後一條路線。」爸爸最後妥協道。

就在她爬最後一小段時，腦子裡突然想到，自己跟爸爸這樣用繩索綁著，好像臍帶，關係到彼此的生命。腦子一分神，再加上體力不支，難度又比較高，最後手腳一滑，她就這樣活生生從兩樓高的高度飛快往下降！

「啊！」她嚇得當場叫出來。

幸好，爸爸早有所預防，滑了幾公尺之後，立刻止住她降落的速度，讓她平安落地。

當她看著爸爸張嘴問自己有沒有受傷時，腦子裡浮現出一個想法，爸爸一肩扛下必須保護她的責任，其實就是爸爸跟她之間的臍帶。

跟爸爸一起七手八腳給媽媽驚喜

阿玲把鍋子搬到比較顯眼的地方，還得避免媽媽懷疑，轉過頭，像隻無頭蒼蠅拼命找爸爸的蹤影。找到後，還得拼命對爸爸打手勢，表示：媽媽要這個鍋子！

爸媽結婚四十周年紀念日前一個月，向來木訥的爸爸，突然找上阿玲求救，希望能跟女兒一起討論出一個可以讓老婆開心的方法！

阿玲當仁不讓，立刻成為爸爸的最佳盟友。

首先，第一步，阿玲要跟爸爸一起找出媽媽最想要的禮物。

做法：由阿玲約媽媽一起去百貨公司逛街，試探出媽媽有無想要的禮物。

當天行動：阿玲手裡挽著媽媽，一面留意媽媽有沒有喜歡的東西，一面四處找爸爸的身影，好不容易，媽媽在經過廚具區時，看中一個燉鍋，媽媽嘴裡念著想要給爸爸跟她燉點補品吃，一看到那個德國牌子的鍋子價格時，馬上搖頭，扯了阿玲就走。

阿玲把鍋子搬到比較顯眼的地方，還得避免媽媽懷疑，轉過頭，像隻無頭蒼蠅拼命找爸爸的蹤影。找到後，還得拼命對爸爸打手勢，表示：媽媽要這個鍋子！

接著，在女裝部時，她跟已經抱著鍋子一路跟來的爸爸，如法炮製，買了一件黑色的英式大衣。父女倆這輩子尋找彼此的次數，加起來都沒有這天多！

回家後，爸爸跟她小心翼翼把兩份禮物藏起來。

結婚四十周年紀念日當天，阿玲跟爸爸同時請下午半天假，把家裡餐廳佈置的跟外面燭光餐廳沒兩樣。

在媽媽差不多快到家時，阿玲趕快溜出家門，到朋友家去寄宿。

隔天，阿玲一回到家，看到笑咪咪的媽媽，正在使用新買的鍋子燉補品，爸爸則乖乖跟在後頭幫忙。

察覺她回家，爸爸看著她，朝她比出一個大成功的手勢！

上山挖竹筍

爸爸聽到的阿玲的要求時，第一時間先是愣住，然後靜靜地開口。「要很早爬起床，那邊山路也不好走，妳確定嗎？」為了消弭爸爸的懷疑，阿玲用力點點頭，以示決心！

阿玲很喜歡吃竹筍，特別是當天從阿公家那邊挖回來的，最新鮮也最好吃！

爸爸知道阿玲愛吃，固定大概每兩個禮拜都會回去老家一趟，趁著天未亮，挖下來的最鮮甜且沒有苦味。

一天，阿玲突然想跟爸爸一起回阿公家，親身體驗那些美味的竹筍是怎麼來的？

爸爸甫聽到的阿玲的要求時，第一時間先是愣住，然後靜靜地開口：「要很早爬起床，那邊山路也不好走，妳確定嗎？」

為了消弭爸爸的懷疑，阿玲用力點點頭，以示決心！

隔天，天空還黑矇矇的一片，阿玲便被自己設定的鬧鐘吵醒，忍著睡不飽的痛苦，飛快梳洗完成後，依照時間約定，在客廳跟爸爸碰面。

父女倆從坐上車，一直到阿公家，開始往挖竹筍的地方一步步前進時，都沒說話。終於，爸爸突然停下來，拿出鋤頭，彎下腰，用手撥開一些泥土，果不其然，冒出竹筍尖尖的頭。

雖然只有一點點，但也夠阿玲當場瞪大眼睛！

接著，爸爸鋤頭往下一落，再用腳踩了一下鋤頭，利用作用力原理，一個漂亮的竹筍立刻輕鬆到手。

阿玲一看到這場景，突然精神都來了，在爸爸指導下，開始尋找冒出一點點頭的竹筍，然後落下鋤頭，挖起竹筍。

不過，她挖下的竹筍，因為力道沒拿捏好，竹筍口都歪七扭八的，非常醜怪！

阿玲看著自己手中像被狗啃過的竹筍，再看看爸爸挖的漂亮竹筍，突然低聲笑了起來。

爸爸見她笑了，自己也跟著笑。

那天回家車上，爸爸問她：「會不會覺得辛苦？」

「完全不會，下次我還要陪爸爸一起來！好嗎？」阿玲搖搖頭，說道。

「好。」爸爸拍拍她的頭，微笑道。

把餐桌椅拼起來！

看著餐桌椅，她努力回想著，有哪張椅子是自己組裝的，還是哪個桌腳？最後，赫然發現幾乎都是爸爸一手完成，她只是忙著幫忙遞東西、拿高組裝圖、幫忙抓著正要上鎖的木頭……

搬進新家，所有家具早已買齊，因為原本想要在餐廳設計吧檯，後來因故取消後，整個家唯獨缺了餐廳裡的桌椅尚未購買。

趁著假日，她跟爸爸一起去逛大賣場，買回十分便宜的一張木頭餐桌、四張木頭餐椅。價格雖然便宜，唯一比較麻煩的是──要自己組裝！

當貨送來，她拆開解說圖時，當場整個有種正在念物理、化學的感覺，幸好爸爸很快湊過來，跟她一起擠在說明圖前研究著。

在她依然皺眉研究時，爸爸已經把工具箱拿到眼前，開始敲敲打打起來，她湊上前，學爸爸拿起相同的零件，依樣畫葫蘆一點、一滴慢慢組裝起餐桌椅。

她必須花上很多力氣，才能把螺絲鎖進木頭裡面，就在她累得滿頭大汗時，爸爸總會突然飛來一句：「那個不好弄，先放著，等一下我弄，妳去那邊，幫我把那個長條木頭拿過來，快點。」一聞言，她立刻丟下手邊工作乖乖照辦！當她把爸爸要的東西地給他時，爸爸又會傳來新命令，就在她忙得團團轉時，腦中突然想起爸爸是不是一直在注意她的動作，否則怎麼會在她鎖螺絲鎖得滿頭大汗時，剛好出聲要她去做別的事？

花了幾個鐘頭時間，漂亮的木頭餐桌椅終於搞定！

看著終於有餐桌椅的餐廳，她努力回想著，有哪張椅子是自己組裝的，還是哪個桌腳是他搞定的？最後，赫然發現幾乎都是爸爸一手完成，她只是忙著幫忙遞東西、拿高組裝圖、幫忙抓著正要上鎖的木頭……明明想幫忙的她，結果還是讓爸爸完成了幾乎所有的工作。

看著爸爸揮汗如雨的樣子，有點沮喪的她突然想到自己還可以為爸爸做件事。

「爸，想不想喝冰冰涼涼的健康現榨果汁，我現在去弄？」

「當然想，勞動過後來一杯冷飲是人生最大的享受！」

看著爸爸一副口很渴的樣子，她飛快衝進廚房。

現在，她要去給爸爸打杯新鮮好喝的冰涼果汁！

PART 4

體貼爸爸，從一句話和小細節開始做起

偷偷留張感謝的小紙條給爸爸，或是觀察爸爸需要什麼，直接買了送給他，這些點滴很有可能成為老爸一輩子津津樂道的驚喜喔！

帶爸爸一起去泡溫泉

泡完溫泉，因為已經徹底放鬆過，不但有助於恢復精神跟體力，最重要的是——還可以讓心情更加愉快！特別是在假日一起上山或是特別到能洗溫泉的地方，一邊享受家庭樂趣，一邊泡溫泉，對放鬆精神與心情愉悅往往能收到兩倍成效。

有多久沒有和爸爸一起去泡溫泉了呢？

泡溫泉不僅可以洗去一身髒污之外，還可以達到使身體完全徹底放鬆，以減輕平常承受壓力的效果喔！

在日常生活中，每天晚上洗個熱水澡，就能讓人有種稍微舒緩精神與疲憊的感覺，泡溫泉的舒緩壓力效果比一場熱水澡更具功效。

泡完溫泉，因為已經徹底放鬆過，不但有助於恢復精神跟體力，最重要的是——還可以讓心情更加愉快！

特別是在假日一起上山或是特別到能洗溫泉的地方，一邊享受家庭樂趣，一邊泡溫泉，對放鬆精神與心情愉悅往往能收到兩倍成效。

為什麼採浸泡式沐浴能讓身體疲憊一掃而空、恢復精神呢？

那是因為當人體泡在熱水之中，體溫升高時，高溫不僅讓血管擴張，還可幫助促進全身血液循環得更快，也對體力恢復相當有助益！

同時，還能加速體內器官的新陳代謝，排除體內過多的廢物。如此一來，就可以去除因為過於疲累，而累積在體內的過多乳酸，進而達到讓身體放鬆的目的。

另外，泡溫泉對於很多因為工作長期維持相同動作，而造成肩膀習慣性痠痛、頸部僵硬或是肌肉痠痛也相當有幫助，不過，對於患有心臟病與高血壓的爸爸恐怕就比較不適合泡溫泉喔！

爸爸的付出永遠大於他所能給的

儘管看過醫生，晴慧心裡比誰都清楚，爸爸對自己身體在乎的程度，遠遠不及他年輕時照顧這群孩子們的十萬分之一！她沒有逼爸爸要自己注意身體，反而從自己先做起。

爸爸年紀大了之後，常有肩頸痠痛與虛冷症的毛病，但他總不放在心上，認為這種小病小痛過一陣子就會自己好。晴慧不只一次勸爸爸一定要去醫院看醫生治療，但固執的爸爸總是聳聳肩，左耳進、右耳出。

一到換季季節，或是特別寒冷的天氣，爸爸的身體就會開始作怪，許多地方都會開始莫名痠痛起來！有一次，晴慧終於成功直接把爸爸拖到醫院，醫生說，這是神經痛，平常要非常注重自己的身體保養，對病情才會更有幫助。

晴慧知道爸爸年老時，身體之所以會有這麼多莫名的痠痛跟病症，都是因為他年輕時，為了多賺點錢，在工廠拼命加班工作的結果！每次想到這些，她心裡頭便會感到特別難過。

儘管看過醫生，晴慧心裡比誰都清楚，爸爸對自己身體在乎的程度，遠遠不及他年輕時照顧這群孩子們的十萬分之一！

她沒有逼爸爸要自己注意身體，反而從自己先做起。晴慧先看了很多書、詢問過許多專家，常常弄補品給爸爸進補，提醒爸爸年紀大了工作不可以像年輕時那麼拼，非常注意爸爸的飲食起居。

最近她看到一個簡單又對身體很好的泡澡方法，因為方法實在很簡單，連怕麻煩的爸爸也願意配合，便提供出來跟大家一起分享。

那就是在洗澡水中加入陳皮！所謂的「陳皮」，其實就是橘子皮切成適當大小，曬乾後的東西，也是中藥材中的陳皮。

別小看這得來容易的小東西，善加利用的話，可是對人體相當好的喔。

陳皮主要功用可以分為兩種，一為飲用，二為泡澡之用。

飲用的製作方法很簡單，將陳皮取五公克，切碎，倒入一杯水，煮至半杯水後即可飲用，可治療胃脹。

另外，也可以將陳皮丟入泡澡的熱水中，對於老人家身體容易虛冷、神經痛肩頸僵硬……等等症狀，都有很不錯的效果喔！

煮爸爸愛吃的菜

有時候就連到以前他愛吃的餐館消費，也都吃得不多。她最快想到的是爸爸的食慾變差了，經過一段時間的觀察後，猛然驚覺不是爸爸的食慾變差，而是口味改變了！

爸爸年輕時，非常喜歡吃熱辣辣的四川菜，他總說，菜就是要這樣吃，才叫夠味！

隨著年齡漸長，晴慧慢慢觀察到，爸爸開始齒搖髮白，口味慢慢偏淡。

剛開始的時候，晴慧沒有觀察到爸爸的改變，只是困惑為什麼爸爸的食慾越來越差？

有時候就連到以前他愛吃的餐館消費，也都吃得不多。

她最快想到的是爸爸的食慾變差了，經過一段時間的觀察後，猛然驚覺不是爸爸的食慾變差，而是口味改變了！

因為爸爸牙齒開始鬆動的關係，晴慧學起德國人的做菜方法，絕不把有骨頭的食物端上桌。

舉凡魚骨、雞骨、海鮮蚌殼……等等，只要是硬的東西，晴慧都會去掉，以防爸爸吃了傷到牙齒或受傷。

晴慧為了符合爸爸改變的飲食口味，特別在烹飪時用心留意了一下，把不容易咀嚼的食材稍微煮得爛一點，鹽巴少放一些，還會特別針對爸爸的身體狀況，加強某方面的營養。

爸爸吃東西的口味是會隨著年齡、身體狀況而改變的，就像我們小時候不喜歡的食物，長大後卻能變成熱衷的食物一樣。

只要多關心爸爸一點，就可以找出爸爸現在真正喜歡吃的食物，不過，重點是我們必須多花點時間跟心力來觀察喔！

今天我要跟女兒一起吃飯喔

「爸，你該不會從早上七、八點就開始坐在那裡等我吧？」她詫異地瞪大眼睛，看著爸爸。「對呀！反正今天假日我又沒別的事要做，乾脆坐著專心等妳。」爸爸臉上依舊都是笑，一點也沒有等人超過三小時的不耐煩。

因為出差地點在老家附近的關係，平時難得回家一趟的她，特地將高鐵的票劃成星期天早上再回家，於是禮拜五晚上便先回老家與爸爸相聚。

到家的時候，時間其實已經很晚了，她幫爸爸買的消夜，爸爸只吃了幾口，兩人捧著茶喝了半小時，便各自盥洗就寢。

隔天，她在清晨中、熟悉的味道裡醒來，睜開眼睛，拉開窗簾，陽光灑了整間臥室都是，所有兒時在這裡生活的記憶，瞬間通通浮現腦海！

這就是老家的味道，街道上的聲音、空氣裡的味道一切都是那麼的熟悉。

她看眼手錶，時間已經指向十一點多，慢條斯理梳洗完後，從三樓慢慢下樓，二樓是爸爸的房間，一樓才是客廳跟餐廳。

經過二樓時，她看見爸爸就坐在房間裡，打開房間通走道的窗戶，一聽見她下樓的聲音，立刻從房裡站起身，喊著她的名字。

「妳要吃早餐，還是我們直接出去外面吃午餐？」爸爸站在門口，將她攔下。

她看著爸爸一身整齊、燙過的襯衫、西裝褲，從他剛剛坐在窗邊的模樣看起來，似乎已經在那裡坐上好長一段時間。

「爸，你吃過早餐了嗎？」她問。

「早就吃過了！」爸爸笑咪咪地說。「我想說妳昨天工作到那麼晚才回來，今天一定會睡比較晚，所以就先吃了一點粥，換好衣服，想等妳一起床，就帶妳去吃午餐。」

「爸，你該不會從早上七、八點就開始坐在那裡等我吧？」她詫異地瞪大眼睛，看著爸爸。

「對呀！反正今天假日我又沒別的事要做，乾脆坐著專心等妳。」爸爸臉上依舊都是笑，一點也沒有等人超過三小時的不耐煩。「妳該不會現在就要回去台北吧？」

「沒有，我訂明天早上的票，今天一整天會待在這裡打擾爸爸喔！」

「說什麼打擾？妳能回來，我最高興，每天自己一個人面對牆壁，我全身都快發霉了！」

「爸，不是還有很多鄰居可以一起聊天嗎？」

父女倆一起走在街上，爸爸笑容滿面的和鄰居們打招呼，但爸爸接下來說話時，臉上一閃而過重重的落寞與孤單。

「以前是有很多鄰居，可是現在一個個都走——好啦！不說這個，走，爸爸帶妳去吃妳小時候最愛吃的魷魚羹！現在觀光客很多，我七早八早就打電話去給阿水嬸，叫她不要一口氣通通賣完，至少要給我留個五碗。」

「五碗？會不會太多了？」她扯動嘴角，輕笑出來。

「哪會多？我寶貝女兒愛吃耶！本來還想說如果妳不嫌太重，明天就再買個十碗讓妳帶回去吃呢！」

聽見爸爸直白的話，她眼眶一熱，心中突然下了一個重要的決定。

「爸，不用啦，那樣太重了。」她勸阻道。

「對喔，很重喔！」爸爸不好意思地搔搔後腦。

她笑彎了雙眼，對爸爸說。「再說，我以後會常常回來看你，到時候我就可以常常吃到囉！」

她說完，看見爸爸老實的臉上咧開大大的微笑……

繫上爸爸幫自己買的圍巾

「爸，我在銀行業界工作，戴太明亮顏色的圍巾，我擔心自己會壓不住底下的那些屬下。」明娟沒多想，馬上就回答。爸爸聽了，不動聲色地點點頭，吶吶說了一句。「啊，原來如此，是我自己沒有替妳考慮到這點。」

明娟是個很怕冷的女孩子，常常手腳冰冷，頭一吹到冷風就會痛。明娟爸爸前一陣子到吳哥窟去玩，買了兩條圍巾給她，一條粉紅色，一條豔橘色。這兩種顏色對向來低調的明娟而言，要戴上脖子是個不小的挑戰！因為自己本身就怕冷，再加上圍巾有時候就像另外一種裝飾品一樣，所以明娟的衣櫥裡，有一櫃放滿各式各樣的圍巾。

明娟家裡有個不成文的規定，每個雙周的星期五都是家庭日，所有家庭成員必須出席晚餐，晚餐地點不一定，有時候在家裡，有時候則直接約在餐館。冬天來了，明娟開始把自己收藏的圍巾，開始一條條拿出來配衣服戴。

直到冬天就快要過完了，明娟脖子上的圍巾，始終沒有戴過爸爸送她的那兩條圍巾。有天，爸爸在大家互道晚安時，突然問了她一句：「為什麼從沒看過妳戴比較亮眼顏色的圍巾。」

「爸，我已經是個成人了，而且還在銀行業界工作，戴太明亮顏色的圍巾，我擔心自己會壓不住底下的那些屬下。」明娟沒多想，馬上就回答。

爸爸聽了，不動聲色地點點頭，吶吶說了一句：「啊，原來如此，是我自己沒有考慮到這點。」明娟聽見爸爸說這句話時，只覺得好像有哪裡不對勁，等事後回到家時，才赫然發現爸爸之所以會這麼說的原因！當下，她立刻狠狠敲自己腦袋一下！這下子好了，自己辜負了爸爸的心意就算了，最後居然還變成好像是爸爸沒有替自己考慮到。明娟覺得很懊悔，想盡辦法要彌補這件事。後來家庭聚餐時，明娟把那條亮橘色的圍巾戴上脖子，大家看了都覺得很驚訝，直問她最近是不是發生了什麼好事？

「以前是我給自己設定了界限，幸好爸爸送我這麼漂亮又鮮豔的圍巾，讓我開始思考到，我不僅僅只是一個銀行人員，也是一個女人，至少在下班時間，我想把自己弄得亮眼一點，應該不至於影響到工作吧！」

明娟笑笑地開口，然後直接面對爸爸。「爸，謝謝你，送給我這麼棒的圍巾，還有提醒了我這一點。」

爸爸給她的回應是——比了一個大大的讚！

跟爸爸分享最簡單的穴道按摩

很多爸爸，多少都有腸胃不適的問題，只是礙於面子或是本來就很少提及自身情況的習慣，身為子女的往往都不知情……

爸爸的工作壓力過大，可是他卻從不放在心上，一心只想拼事業，讓家人過上更好的物質生活。這時候身為子女的我們，就應該好好觀察爸爸的身體狀況，隨時給予他所需要一切，當爸爸的健康小幫手

長期勞心勞力工作的爸爸，時常會因為精神壓力過大，而造成腸胃方面的不舒服，甚至進一步引起便秘或是腹部脹痛的徵狀。如果爸爸身為主管階級者，更有可能長時間被工作壓力過大所苦，造成身體跟心理兩方面的損傷。

有以上現象的爸爸，除了必須解除工作上的壓力之外，改善平時生活飲食也很重要！

另外，可以提醒爸爸可以來點簡易的按摩方法，對身體放鬆與促進健康也相當不錯喔。

在解除壓力方面，可以建議爸爸公司與家庭分離，在工作中，難免會被工作追著跑，可是一旦回到家裡，就應該暫時放下所有工作上的煩憂，專心與家人共處，享受自己辛苦工作後的家庭樂趣！很多爸爸，其實多少都有腸胃不適的問題，礙於面子或是本來就很少提及自身情況的習慣，身為子女的往往都不知情。

以下幾個按摩方法，可以有助於改善便秘或是腹瀉，請多多利用，也別忘了跟爸爸一起分享這些簡單的小方法喔。

請按摩「合谷穴」，此處掌管大腸部位的經絡，按此穴道可以對便秘或是腹瀉很有幫助。

穴道位置：位於大拇指與食指骨頭相接的那一點，也就是一般人稱之為虎口的地方，但必須再往下一點，是「骨頭相接處」。

另外，還有第二十二間穴，這個地方也請大家有空時可以多加按摩，對排便的順暢度也相當有助益。

穴道位置：位於食指底部。

按下引爆爸爸熱情的按鈕

那個晚上，爸爸被一聲聲「爸」、「爸」團團圍繞，爸爸臉上的微笑始終沒停過，驕傲、開心、傾囊相授、熱情通通在爸爸身上一覽無遺！

今年的中秋節，家裡吃火鍋的氣氛就像一場演唱會，從頭到尾絕無冷場！

往年，每年中秋時節，依照爸爸規定，這是屬於家人的節日，所有孩子們都必須回家過節。為了大家身體健康與愛護地球的原則，爸爸從以前熱衷的烤肉活動，轉變為煮火鍋。

通常這個時刻，是所有孩子們彼此交談最近生活的最好時間，反倒是把大家叫回來的爸爸，只是沉默的坐在一旁，靜靜聽著大家說，再不然就是忙進忙出的確認孩子們都有吃飽。

不是故意的，但是爸爸跟孩子們之間似乎總是有一道無形的藩籬阻隔在，我們生活中所發生的趣事，怎麼好像就是無法傳達到他心裡？

突然，事情有了轉機。

大姊突然想起以前小時候，爸爸好像曾經教我們玩過中國象棋，於是便提議要不要來重溫兒時舊夢一下？

大家立刻舉手表決通過，等棋盤一端上桌，經過一陣廝殺後，爸爸居然殺出重圍，成為現場的第一名高手！

嘴甜的大姊逮住機會，開始灌爸爸迷湯，一會兒說爸爸是「象棋高手」，一會兒又說爸爸是「打遍天下無敵手」，把爸爸逗得笑呵呵又有點不好意思。之後，爸爸再也沒時間去冰箱拿東西了，被孩子們團團圍住，爭先恐後要跟爸爸來場「正面對決」。

爸爸一面玩象棋，一面還得應付來自四面八方的各種問題，例如：爸，接下來你打算怎麼走？這一步你為什麼要這樣走，有沒有其他可能性呢？爸，你是不是走一步的時候就已經把後面該怎麼走都想好了？

那個晚上，爸爸被一聲聲「爸」、「爸」團團圍繞，爸爸臉上的微笑始終沒停過，驕傲、開心、傾囊相授、熱情通通在爸爸身上一覽無遺！

這一年的中秋節很熱鬧，一直鬧到快早上都還興致勃勃。

大家約好，下個中秋節要再來跟爸爸討教象棋！

給那雙大手一雙溫暖的手套

淑驊看著那雙忙碌個不停的大掌滿手油汙，指節粗厚，心頭突然泛起一陣酸澀！爸爸用這雙靈活的雙手，幫客人修車，將自己撫養到這麼大，如今這雙大手卻依然赤裸裸曝露在冷空氣裡？

爸爸是修機車的黑手，一年到頭，不管天氣有多冷，他的雙手常常都必須曝露在空氣之中。夏天還好，一旦到了冬天，雙手常常凍得相當僵硬，有時候甚至會知覺遲鈍，對痛覺感應相當不靈敏！

淑驊小時候常到爸爸的修車廠找他玩，向爸爸要上幾塊錢，跑去買自己愛吃的零食，爸爸總是要她別告訴媽媽，然後把錢偷偷塞進她懷裡。

長大後，淑驊反而漸漸少到爸爸的修車廠。

直到有一天，她的機車出了狀況，寒冬中，她全副武裝戴上毛帽、手套、圍巾出門。

當她騎著有可能會隨時熄火的快二十年老車去找爸爸時，看見他下意識摩擦著雙手，蹲在地上，正在幫客人修車。爸爸看見淑驊，用眼神示意她先把車牽到店裡等他，等爸爸忙完後，立刻走過來幫她檢查車子。

淑驊看著蹲在地上，正在幫自己檢查車子的爸爸，那雙忙碌個不停的大掌滿手油汙，指節粗厚，她看著，心頭突然泛起一陣酸澀！

爸爸用這雙靈活的雙手，幫客人修車，將自己撫養到這麼大，如今這雙大手卻依然赤裸裸曝露在冷空氣裡？在機車修好時，淑驊突然伸出手，摸了摸爸爸的大掌，猛然瞪大雙眼，果然如她想像中的又冷又硬！

「爸，你的手好冰喔！」

「沒事啦！我早就習慣了，天氣這麼冷，妳快點回家。」

爸爸迅速抽回手，別開視線，淑驊乖乖聽爸爸的話，騎車走了。

不過，她沒有馬上回家，反而繞去買了五雙手套，還有十雙能露出手指頭前半段的手套，方便爸爸在工作仍可以使用！

那天爸爸回家後，淑驊把手套送到爸爸面前，爸爸先是一愣，呆問：「今天是父親節嗎？」

淑驊輕笑出來，回答：「不是，今天是我對爸爸的『感恩節』！」

挽著爸爸的手

漸漸的，爸爸不再堅持，反而慢慢能享受被孩子體貼的幸福。現在他們一起出門，走在人多或是危險車多的地方，淑驊總會自然地挽著爸爸的手，這個動作代表著：爸，我愛你，請你一定要小心喔！

假日，淑驊約了爸爸一起去餐廳吃飯。

從家裡走到爸爸愛吃的浙江菜館前，要經過一個大馬路和許多車來人往的小巷。大馬路有紅綠燈，通常照著走不會有太大的問題，但是從小巷轉到另外一條小巷時，便時常危機四伏。開車的人沒有慢下速度，拿在大馬路奔馳上的車速在巷弄裡橫衝直撞，機車也同樣快速急馳，尤其在沒有車子的小巷內，人包鐵的機車越發騎得猛狠！

淑驊小時候很怕自己走巷子，總是靠得很邊邊走，深怕被車速過快的汽車或機車撞個正著。尤其是小貨車，大概因為正在工作中，不但開得快，往往轉彎時也不瞻前顧後直接就轉彎，常常能把人嚇出一身冷汗！

從家裡走到浙江菜館這段路上，以前總是爸爸牽著她的小手，細心照顧的讓她走在裡邊，現在剛好相反過來。爸爸年紀大了，聽力、體力、動作敏銳度都大不如前，反而是淑驊長大了，感官靈敏又動作快速！

現在他們一起走這段路時，淑驊會挽著爸爸的手，讓爸爸走在內側，起初爸爸還不肯，似乎認為保護孩子依舊是他的責任。

淑驊也不跟他爭，但總會找到適當時機與適當的機會，不著痕跡把位置偷偷換回來，讓爸爸走在內側。

漸漸的，爸爸不再堅持，反而慢慢能享受被孩子體貼的幸福。

現在他們一起出門，走在人多或是危險車多的地方，淑驊總會自然地挽著爸爸的手，這個動作代表著：爸，我愛你，請你一定要小心喔！

和爸爸一起開懷大笑

十次有八次小莫都會答應，另外那兩次通常只有兩種情況，一是小莫已經看過了，二是——小莫要陪某個生命中是重要的人一起去看！

小莫很喜歡看電影，每次只要有自己喜歡的電影一出來，她幾乎都會衝第一個去看。她對電影的熱衷程度，在朋友圈中是出了名的！朋友們都知道——小莫對電影的熱衷程度，每當一出現自己想看的電影出現時，朋友們都會搶在第一時間問小莫要不要一起去看？

十次有八次小莫都會答應，另外那兩次通常只有兩種情況，一是小莫已經看過了，二是——小莫要陪某個生命中最重要的人一起去看！

身為小莫的朋友們都知道，有一種類型的電影千萬不要約她，因為那一類的電影是屬於小莫跟她爸爸的共同興趣！

小莫的爸爸非常喜歡看跟車子有關的電影，只要跟車子有關，通常都能吸引住他全部的注意力，尤其他特別喜歡法式冷冷的幽默，幾乎每次觀影，都能聽見他暢快的大笑！

正因如此，每次電影院一上映這類的電影，小莫便會趕緊約爸爸一起上電影院。別人約她的電影不能等，小莫總喜歡搶在第一時間看完新片，但跟爸爸一起看的電影不同！她會等爸爸有空的時間，父女倆再一起肩併著肩，買票走進電影院裡。

對小莫來說，看這一類型電影，目的已經不完全是單純欣賞電影本身如此簡單而已。能夠聽見爸爸在看電影時的笑聲，與看完電影出來時與自己興奮談論的模樣，才是她享受這類片子的最大樂趣！

假日遊玩之餘，別忘了順便照顧一下爸爸的健康喔

「怎麼會奢侈呢？」可靜搖搖頭，慢慢跟爸爸講道理，分析給他聽。「爸，這可是我們辛苦工作五天後，給自己的小小犒賞喔！而且讓專業的人幫你腳底按摩，不僅可以消除腳部疲勞，還可以消除平常工作時的壓力、焦躁、不安……」

可靜跟爸爸都很喜歡在假日時到淡水遊玩，感受屬於假日的優閒放鬆感覺，尤其是淡水捷運站幾乎每個禮拜都有小活動，感覺就像一個個可愛的小遊戲般，相當令他們著迷！

她知道爸爸喜歡按摩，以前跟爸爸出國時，爸爸也會嘗試各國的按摩，然後細細比較其中的不同。自從他們發現彼此都很喜歡在假日，一同到淡水走走看看後，可靜立刻上網查了淡水有無可以按摩的店？結果，赫然發現提供遊客按摩放鬆精神的店，還真不少啊！

每次到淡水，可靜都會拉爸爸一起去按摩。

有時候爸爸會覺得每次都按摩似乎有些太過花錢，這時候可靜就會搬出按摩的好處，柔聲勸著

爸爸這種錢不能省。

「爸，我們一個禮拜辛勤工作，難得來這裡一趟，順便按摩可是一種享受吶！不然你可以只按摩腳底，費用就不會像全身那麼貴，再說了，腳底可是我們人體的第二個心臟，有機會能好好幫它按摩一下，為什麼不要呢？」

「可是每個禮拜來都按摩，會不會太奢侈啦？」爸爸眉頭微蹙，正被要不要按摩與花錢兩者左右拉扯中。

「怎麼會奢侈呢？」可靜搖搖頭，慢慢跟爸爸講道理，分析給他聽。「爸，你看，我們一個禮拜才按摩一次，這可是我們辛苦工作五天後，給自己的小小犒賞喔！而且讓專業的人幫你腳底按摩，不僅可以消除腳部疲勞，還可以消除平常工作時的壓力、焦躁、不安，讓身體恢復精神，頭腦保持思緒活絡！」

「可是……」爸爸雖仍有些猶豫、但其實已經被說動了。

可靜這時候會再接再厲，繼續勸道：

「爸，你最近不是老說一直失眠嗎？聽說腳底按摩不僅可以防止老化，還可以治療失眠喔，按摩對身體有這麼多好處，又沒有一般藥物的副作用，就讓我們一起進去好好按摩，健康一下吧！」

偷偷把爸的機車修好

爸爸總是推說，不要緊，平常要走遠一點時會開小貨車，機車只是在家裡附近騎而已，不礙事！雖然爸爸這樣說，可是怡君還是覺得，這對爸爸的生活一定造成很多的不方便吧？

怡君離家北上工作，往往一個月才能回家一次，每次回家時，開小吃店的爸爸總是煮滿一整桌菜等著把她餵得飽飽！每次到家時，她最怕聽見爸爸輕輕飄來一句：「妳最近是不是又瘦了？在台北是都沒有在認真吃東西嗎？」

只要爸爸開口說了這句話，接下來一整個休假，爸爸就會傾盡全力開始燉補品、煮出令她根本無法抗拒的大餐。於是，每次怡君要回家鄉時，同事們總會笑說，怡君又要大進補囉！她每次總是幸福的笑笑，知道爸爸對自己表達關愛的方式，就是照顧好她的身體，唯恐她餓著或是變瘦了。

因為知道爸爸的心意，就算怡君正在減肥中，也從來不會拒絕爸爸的好意，總是捧場的把爸爸抬出十八般武藝烹調出來的美味佳餚通通吞下肚！只是一直這樣細心看照自己的爸爸，卻常常忽略他自己的需要。

不知道已經經過幾個月了？每次怡君回家，發現爸爸要出門買菜、發動機車時，都必須費盡全力踩上半天。好幾次，她都勸爸爸是不是該牽車去檢查一下？爸爸總是推說，不要緊，平常要走遠一點時會開小貨車，機車只是在家裡附近騎而已，不礙事！

雖然爸爸這樣說，可是怡君還是覺得每次騎車都要猛踩才能發動，對爸爸的生活一定造成很多的不方便吧？

直到有一次冬天回家，爸爸要出門買東西，踩了快半小時，車子發不動就是發不動，後來滿頭大汗的爸爸只好開車出去。

怡君在爸爸離開後，又跑去試了好久，車子才勉強發動！

這次，她決定不聽爸爸的，慢慢把車騎去修理，總共花了兩千塊錢，換了火星塞、皮帶……等等。當怡君把車騎回家時，有種車子大復活的感覺！

隔天，爸爸又要騎車出去，走到機車旁，照例又要猛踩個不停，怡君見狀，默默走到爸爸身邊，輕輕鬆鬆按住剎車與發動鈕，微微催一下油門，車子立刻發動起來。

爸爸詫異又帶點困惑地看著她，怡君嘴角抿著微笑，拍拍爸爸的肩膀，小聲提醒了一句：

「騎車要小心喔！」

把店裡做的蛋捲寄給爸爸

她算算時間，居然要除夕夜當天中午，自己才能坐高鐵南下，爸爸聽到後，只吶吶說了句「喔」，便掛斷電話。雖然只有短短一個字，但她依舊能感覺到爸爸心中的不捨跟擔心！

她跟朋友合夥開店做生意，也採用網路訂購的方式，因為用料實在，短短二年之內靠口耳相傳，終於成為網路世界中的熱門訂購商品。

當天下訂單，約莫要一個月後才能拿到蛋捲，強調新鮮現做、材料絕對經過嚴格篩選，都是用很好的食材下去製作！

工作繁忙，訂單一天比一天多，她一面要想盡辦法消化訂單，一面還要和朋友商討擴展事宜，每天都忙的不可開交。

有多久沒回家了呢？

直到爸爸上禮拜打電話來給她，問她今年可不可以提早回家過年時，她才恍然驚覺自己居然快整整半年沒有回家。

她算算時間，竟要除夕夜當天中午，自己才能坐高鐵南下，爸爸聽到後，只吶吶說了句「喔」，便掛斷電話。

雖然只有短短一個字，但她依舊能感覺到爸爸心中的不捨跟擔心！

當天，在所有同事跟員工都下班後，她一個人捲起袖子，做了將近三十份的蛋捲寄給爸爸，並隨東西附上一張小卡片。

爸：

抱歉，讓您擔心了！

最近女兒實在太投入工作，以至於這麼長時間沒有辦法回家看您，這是女兒現在工作的蛋捲，寄上三十份，一天一份，等您快吃完時，女兒大概就已經到家囉。

祝

身體健康

女兒敬上

時間過去一個禮拜，爸爸除了在第一天有打電話過來說收到東西後，便再也沒有消息。

直到她要踏上高鐵前一秒鐘，爸爸突然來電話了。

「女兒啊，妳坐上高鐵沒？」爸爸一開口就問。

「爸，我正要坐上去，怎麼了嗎？」

「沒事啦！就妳三嬸婆啊，剛剛到我這，看到妳寄來的蛋捲，說這個要排好久才可以買到，妳這孩子喔，生意都來不及做，幹嘛還特地給我寄這麼多回來？沒事啦！我打這通電話只是要妳快點回家來……」

她坐上高鐵，聽著爸爸叨叨絮絮的聲音，突然有種好像已經到家了的感覺！

爸爸嘴巴不說的痛苦

雅筠知道爸爸嘴裡逞強，可是依舊被胃脹的痛苦困擾著，爸爸有他自己的生活原則——不吃看不出原本形狀的東西。苦惱的雅筠知道買再多健康食品給他老人家也沒用，她腦袋一轉……

雅筠的爸爸是個標準愛說反話的男人，每次嘴甜的雅筠出差完、回家時總會問他：

「爸，我出差的時候，你有沒有想我？」

爸爸總是故意冷冷看她一眼，回答：「沒有。」

雅筠知道爸爸的脾氣，沒有被爸爸騙過去，只是佯裝不高興地嘟著嘴，抗議道：「爸爸一點都不關心我！」

其實雅筠心裡知道爸爸有多關心自己，每次出差，爸爸總會鉅細靡遺問她什麼時候回來、要去哪裡出差、那邊有沒有可以連絡到她的家用電話？

爸爸的嘴硬，是家族裡大家都心知肚明的事情。

隨著爸爸年紀越來越大，雅筠發現爸爸有時候吃完飯、坐在客廳看電視時，會一手扶著胃部的地方，眉頭微微攏近！她猜測，爸爸很有可能有胃脹的問題，買了幾種強健保胃的健康食品給爸爸，請他要記得按時服用，卻只換來爸爸一句。

「我沒事，身體健康的很！」爸爸揮揮手，指了指送他好幾個月，卻仍不見他拆開的東西，朗聲繼續說道。「我可不想好端端沒事，吃了這一堆也看不出原本長什麼樣的東西後，反而出事！」

雅筠知道爸爸嘴裡逞強，可是依舊被胃脹的痛苦困擾著，爸爸有他自己的生活原則——不吃看不出原本形狀的東西。苦惱的雅筠知道買再多健康食品給他老人家也沒用，她腦袋一轉，開始把腦筋動到「食物」上頭。

經過幾經求證跟詢問，雅筠得知胃脹的困擾，可以飲用生薑汁！

作法非常簡單，直接拿生薑榨成汁，加入熱水中即可食用，或者直接用生薑熬煮成汁也可以，非常簡單又天然。重點是飲用熱生薑汁，不但可以減輕爸爸胃脹的痛苦，還可以一併解決爸爸胃寒跟腸胃不適等問題，促進體內新陳代謝！

最棒的是——生薑熬汁給爸爸飲用時，爸爸不再抗拒，反而欣然接受。

能找到爸爸願意接受的保健方法，對雅筠來說，是全世界最棒的事！

不會照顧自己的爸爸

感動是來自爸爸對她無條件的愛與付出，不替自己著想，心裡掛記著的永遠是孩子。愧疚則來自她居然讓爸爸替自己如此擔心，甚至在幾乎不考慮自己的前提下，只想把自己的一切盡量多留一些給她……

媽媽在的時候，爸爸的衣物都是由媽媽幫忙打點，如今媽媽不在了，爸爸穿來穿去似乎總是那幾件衣物，令君亞看了好不心疼！

好幾次君亞都提議，請爸爸跟自己一起到百貨公司，添購幾件保暖又舒適的衣物，但總是被爸爸一句「衣服還夠穿」而推掉。

有次，君亞回家，看見爸爸身上的棉襖褲已經變得薄淺，心裡便知道是自己應該採取行動的時候！君亞在沒有告知爸爸的情況下，替爸爸買了三、四套完整的居家服，兩套外出服，外出服又分西裝跟休閒服兩種。

回家後，請爸爸拆開禮物時，爸爸嘴裡說叨念著。「幹嘛破費？又不是沒衣服可以穿了。」可是眼眶卻微微泛紅。

其實爸爸手裡頭也有錢，可是他總是不太捨得為自己花錢，老是想著現在年輕人工作不容易，想多留點錢給孩子！

君亞知道爸爸這層心思後，心裡有說不出的感動跟愧疚。

感動是來自爸爸對她無條件的愛與付出，不替自己著想，心裡掛記著的永遠是孩子。

愧疚則來自她居然讓爸爸替自己如此擔心，甚至在幾乎不考慮自己的前提下，只想把自己的一切盡量多留一些給她……

那一次，君亞趁機丟掉爸爸衣櫃中太薄的衣物，替爸爸把新衣服整理進去，又藉著整理的機會，好好審視一遍爸爸是不是有缺了哪些東西？

她決定，爸爸疏於照顧自己的那一部份，將由她來替爸爸一一補齊！

寒冬中的毛帽

大概是爸爸驚覺到君亞可能又要花錢替自己買東西，始終不是很配合她熱心的試戴跟詢問。不過，君亞也不是省油的燈——

嚴冷冬天裡，寒流持續發威，別說年老的人受不了，就連年輕人也開始紛紛戴起厚厚的毛帽！只是——爸爸有毛帽嗎？他的毛帽夠暖和嗎？有可以替換的毛帽嗎？

自從君亞發現爸爸實在很不會照顧自己後，一肩挑起替爸爸添購足夠生活用品的重要任務。爸爸櫃子裡有一頂帽子，不過那是夏天戴著遮陽、不讓太陽光直接射入眼睛的帽子，根本無法禦寒！

看見爸爸的衣櫃，她終於可以了解為什麼每次寒流一來，爸爸頭痛的情況便會倍增，道理很簡單，一切都是冷空氣造成的影響。

以前還年輕，一點也不覺得寒流有什麼可怕，直到君亞自己年紀也慢慢增長了，才驚覺到冷空氣對頭的影響可真大！

為了抵禦交通工具上的超強冷氣，她一口氣給自己買了數頂毛帽，有的防風、保暖，也有兩種功效合一的特殊帽子。

君亞自己不過也才三十歲左右上下，就已經飽受冷風吹頭之苦，年近六十多歲的爸爸居然連一頂像樣的毛帽都沒有？

心底詫異之餘，君亞對於自己的疏忽感到有些生氣！

找了一天空檔，她把自己身邊所有毛帽通通帶到爸爸那裡，讓爸爸一頂、一頂試著戴，再一一詢問舒適度如何？保暖度呢？喜不喜歡那樣的造型？

大概是爸爸驚覺到君亞可能又要花錢替自己買東西，始終不是很配合她熱心的試戴跟詢問。

不過，君亞也不是省油的燈，跟爸爸相處多年的經驗，已經可以從爸爸一個眼神、一些反話中，自行推敲出爸爸真正喜歡的是哪幾頂帽子。

再下一次去找爸爸時，君亞手上超過五個的紙袋裡，正躺著各式各樣的保暖毛帽！

有的防雨、有的特別強調防風、有的專門保暖、有的綜合兩種以上的功能、有的造型看起來很有型……

不管帽子的功能怎樣多變化，唯一的共同點便是：這裡頭有君亞對爸爸滿滿的關心與愛。

陪爸爸上醫院

「醫生說妳的心跳聲好像有雜音，妳還敢拖到現在才檢查？」爸爸聽得眉頭皺得死緊！可巧擺出小女兒狀，聳聳肩，拉著爸爸坐上自己的車。「今天我們剛好可以互相陪彼此嘛！不然要自己一個人去醫院檢查，我才不要！」

自從健康檢查被醫生診斷出有心血管疾病方面的問題後，爸爸的精神狀況便一直處在患得患失的情況下。

醫生要求爸爸再次到醫院，做更加詳盡的檢查時，正式把爸爸心中的恐懼瞬間拉抬到最高點！爸爸在電話裡，只大概交代了醫生說還要進一步檢查，接著，就沒繼續往下說。

察覺爸爸似乎有點不太對勁的可巧，先問完爸爸何時要再去醫院檢查的時間後，馬上提議要休假一天，陪他一起上醫院檢查。

爸爸沒有遲疑，立即拒絕可巧的提議，並再三保證自己沒事、身體沒問題，是那個醫生做事比較認真仔細，所以才想再好好確認一次！

在爸爸固執且強力要求不准陪同、不准為了這點小事請假的前提下，可巧沒有反駁爸爸，反而順著爸爸的意思，答應只會在事後打電話詢問爸爸狀況。

爸爸要回醫院做全身檢查當天，一走出家門，馬上看見可巧的車就停在他面前，正朝他用力揮手。

「妳這孩子究竟是怎麼搞的？長大了，都不聽爸爸的話了？」爸爸看見可巧時，臉上瞬間閃過驚喜的安慰表情，不過很快黑下臉，僵著嗓音問。

「我沒有不聽爸爸的話，事實上，我不是要陪你去醫院檢查，而是公司上次免費幫我們檢查時，醫生說我的心跳聲好像有雜音，我一直沒有去醫院做詳細檢查，今天只是剛好趁機會回去複檢而已。」

「醫生說妳的心跳聲好像有雜音，妳還敢拖到現在才檢查？」爸爸聽得眉頭皺得死緊！

「對呀，誰叫我工作那麼忙？」可巧擺出小女兒狀，聳聳肩，拉著爸爸坐上自己的車。「今天我們剛好可以一起去醫院檢查，互相陪彼此嘛！不然要自己一個人去醫院檢查，我會又怕又擔心耶，我才不要！」

那天，可巧陪著心裡忐忑不安的爸爸，耐住性子，做過一個又一個檢查，看著爸爸明顯比平常還要緊繃的模樣，她很慶幸自己正陪在爸爸身邊。

讓孫子盡情跟阿公撒嬌

「爸，你自己的腰不好，不要管她吵著要抱高高，萬一腰又受傷怎麼辦？」她替爸爸擔心得要命。結果爸爸居然毫不領情，「別擔心，我喜歡跟我家孫女玩，別來煩我們，我會自有分寸！」

在女兒三歲的時候，因為丈夫很喜歡把女兒抱高高，小小年紀的女兒還不知道要怕，只覺得刺激又好玩。

在爸爸七十大壽時，瓊安才轉個身，忙著讓蛋糕店的人把蛋糕送進他們的飯店包廂裡。等忙完蛋糕的事，回頭找女兒時，赫然發現年邁的爸爸居然正雙手抱著女兒，高高舉起，女兒開心的咯咯直笑！

瓊安看得當場差點昏倒，馬上飛奔過去，想要把女兒搶抱下來，心裡擔心爸爸不年輕的身子哪禁得起這種折騰？

未料，瓊安人才一靠過去，就聽見女兒開心的對自己說：

「媽媽，媽媽，妳看阿公好棒喔！抱得比爸爸還高，我最喜歡阿公了！」

瓊安冷冷挑高眉毛，原想提醒爸爸這是女兒最擅長的撒嬌台詞，千萬不要當真時，剛好看見滿頭白髮的爸爸正笑得一臉開心。

這下子，她只得硬生生把話嚥回肚子裡，轉頭向女兒發出警告！

「快點下來，阿公累了，讓阿公休息一下。」瓊安微笑地說著，語氣裡有女兒應該不陌生的濃濃警告意味。

「阿公，你累了喔？」聰明伶俐的女兒轉頭問阿公，短短的纖細雙手緊緊摟著爸的脖子，歪著頭，一臉天真無邪地問。

「阿公不累啊！」爸爸也跟著女兒笑，只有瓊安擔心得直皺眉！這對祖孫吶～～「阿公喜歡看我們家的小公主笑，一點都不累！」

「阿公你對我最好了，我最喜歡阿公！阿公，你想喝什麼，我去幫你倒好不好？」女兒伸出手指，指了指地面，暗示阿公放她下來。

「好啊，阿公想喝汽水。」

瓊安一聽，一隻手直接拍上自己額頭！

爸爸最討厭喝汽水是全家人都知道的事，他只喜歡喝熱茶，越燙越好，現在說什麼想喝汽水，八成是怕孫女溴著才故意這樣說。

「好，阿公等我喔！」女兒一溜煙跑得不見蹤影。

瓊安走到爸爸身邊，擔憂地看著爸爸的腰。

「爸，你自己的腰就不好，不要管她吵著要抱高高，萬一腰又受傷怎麼辦？」她替爸爸擔心得要命。

結果爸爸居然毫不領情，對瓊安說——

「別擔心，我喜歡跟我家孫女玩，別來煩我們，我會自有分寸！」爸爸居然回過頭來站在女兒那邊。

女兒很快捧著一杯汽水跑回來，也不知是受了哪個高人指點，居然知道爸爸愛吃綠豆糕，小小手掌裡抓著一塊衝進爸爸懷裡。

看著爸爸吃起孫女給自己拿來的綠豆糕，女兒則開開心心喝她的汽水，瓊安雙手抱著胸，嘴角微微笑開。

算了，就讓這對祖孫盡情去享受撒嬌與被撒嬌的樂趣吧！

孫子給爺爺的大擁抱

不過，看著爸爸小心又滿臉開心抱著小乖的模樣，禮國心裡突然升起一股奇異的感受，彷彿爸爸正透過小乖，給他一個自己渴望已久的擁抱——

自禮國有記憶以來，爸爸一直是家中最權威的人物，有自己的書房，如果沒有他的同意，任何人都不能隨便進去打擾他。

大概是從小對爸爸養成敬畏的態度，即便是自己結婚生子後，依然與爸爸有種很難真正親近起來的大鴻溝！

過年過節回家時，總是和爸爸說著不熱不冷的話，雖不至於毫無話題，但也很難深入彼此的內心世界。

這種狀況一直持續到孩子四歲時，喜歡到處討抱抱的小乖，當然不會獨獨放過爺爺。

小乖第一次衝向爸爸懷裡，吵著要抱時，把當場所有人都嚇壞了，禮國下意識反應便是伸長手，打算把小乖抱回自己懷裡。

未料，爸爸動作比他更快！

居然一把將孫子緊緊抱在懷裡，對於小乖撒嬌的舉動不但沒有微詞，反而愛憐的把孩子抱得更緊。禮國起先看得一愣、一愣，後來確認爸爸沒有動怒後，才慢慢放寬心。

心情一放鬆下來的禮國，看著小乖跟爸爸的互動，突然羨慕起自己的孩子，能賴在爸爸懷裡撒嬌，可是他從小到大的夢想吶！

不過，看著爸爸小心又滿臉開心抱著小乖的模樣，禮國心裡突然升起一股奇異的感受，彷彿爸爸正透過小乖，給他一個自己渴望已久的擁抱。

只是這個擁抱不是直接發生在嚴厲的父親與畏懼的兒子身上，而是透過孫子這個中間角色，將兩人之間的鴻溝輕易消弭於無形！

阿公也好乖

「哇！我跟阿公一樣耶，都超討厭喝牛奶，我要跟阿公一樣！才不要喝咧！」女兒笑咪咪地說著。瓊安看見爸爸聽得冷汗直流，媽媽最後還冷冷丟來一句斥責爸爸的話——「你看看你，教壞小孩子。」爸爸連忙清了兩下喉嚨，彆扭地解釋起來……

女人喜歡小寵物跟自己撒嬌，男人喜歡女人跟自己撒嬌，至於阿公……則對孫子的撒嬌完全招架不住！學生喜歡聽到老師給予自己的讚美，男人喜歡聽見女人給自己肯定，至於阿公……則對孫子不一定負責任的撒嬌式稱讚，完全喪失判斷能力！瓊安的女兒很會哄長輩，尤其是爸爸對她不時飄過來的軟軟稱讚，更是信到骨子裡。

父親節時，瓊安為了讓當時因為腰傷，而舊疾復發住進醫院的爸爸開心，特地在這天帶著女兒和補品到醫院探望爸爸。一進門，就聽見媽媽正在勸爸爸喝點熱牛奶，固執又常有自我堅持的爸爸根本不理，拉高被單倒頭就睡。瓊安跟女兒見狀，當場傻在門口，結果女兒居然還比她更快反應過來，直接衝向她阿公，用那雙小手拉拉被單，軟軟報告。「阿公，阿公，我來看你了，我好想你，你起來給我看看好不好？」

瓊安趕快走過去，爸爸一聽見孫女甜甜軟軟的聲音，馬上掀開棉被，一見真是孫女，立即伸手就要把她抱到自己床上！「喔，小寶貝來囉，來！坐到阿公床上來！」

「阿公，這個是什麼？」女兒一坐上去，眼睛立刻瞄向阿嬤手中的溫牛奶。

「很難喝的牛奶。」阿公用力皺了一下眉頭。

「哇！我跟阿公一樣耶，都超討厭喝牛奶，可是媽媽每次都說不喝不行，不喝我會永遠長不大，現在我可以跟媽媽說，我要跟阿公一樣！才不要喝咧！」女兒笑咪咪地說著。

瓊安看見爸爸聽得冷汗直流，媽媽最後還不忘冷冷丟來一句斥責爸爸的話：「你看看你，就是這樣教壞小孩子。」

爸爸啞了兩下喉嚨，連忙彆扭地解釋著：「呃……小寶貝啊，阿公沒有不喝哇，只是晚點喝，妳看，阿公現在就要喝囉！」

「唔！阿公也好乖……」

女兒看著她的阿公乖乖把一杯牛奶喝個精光，直到杯子見底，還不忘狠狠讚美她阿公一下！瓊安跟媽媽在一旁掩嘴偷笑，知道以後想要說服固執的老爸時，身邊有個超級小福將可以幫上忙。

PART 5

爸爸告訴我們的那些事

除了爸爸，在這世界上，恐怕再也不會有人和自己這樣掏心挖肺地說話！

屬於爸爸風味的開導

「靜修，一個人活著，本來就會不斷嘗試、犯錯。」爸爸說。「會犯錯，代表妳曾經勇敢承擔過責任，比起渾渾噩噩度日，一輩子無所作為，爸爸認為能將責任扛下來的靜修，相當令爸爸覺得驕傲。」

大學時代，靜修擔任熱舞社有史以來第一屆的女社長，與國標社合辦成果展，兩個社團所有幹部聚在一起開過幾次會，在沒有人願意主動跳出來統籌之下，靜修毅然決然挺身而出！

光是單一社團的成果展，就已經有許多事情要做，更何況是兩個社團合辦，常常開會時間拖得過長，又毫無明確結論，令靜修相當沮喪。

原本預計在一間空間不小的咖啡廳舉行，最後，因為經費問題，只能選在學校內免費的中庭廣場。靜修原先並不答應，認為售票可以解決經費問題，不應該隨便放棄原先的計劃，況且中庭廣場毫無遮蔽，萬一下雨，來參加這場成果展的同學勢必會變得非常少！

可惜，寡不敵眾，經過舉手表決後，多數人覺得不要冒險，選擇在校內免費的中庭廣場舉辦就好。當天，成果展空前大成功，吸引許多同學前來觀賞，就在大家以為今晚一定會圓滿落幕時，天公不作美，突然下起傾盆大雨，所有人頓時一哄而散！

為了中途被迫中止的成果展，靜修悶悶不樂了整整一個星期，甚至常常把自己關在房間裡，鬱悶到連晚飯都不願意出來吃。

情況持續到了第七天，爸爸來敲她房門，問明了所有原由後，爸爸輕鬆地笑開。

「原來這就是令妳感到沮喪的事情啊？其實妳應該高興的。」

爸說錯了吧？

還是她自己聽錯了？

「爸，我搞砸了一場成果展，甚至讓後半場苦練多時的同學無法上場表演，結果你居然說我應該感到——高興？」靜修困惑地皺緊眉頭。

爸爸理所當然地點點頭，繼續接著說。

「我問妳，如果再讓妳辦一次活動，這次妳會怎麼做？」

「力排眾議，或是想盡辦法說服大家，一定要在室內場地舉辦我們的成果展！」

「那不就對了？」爸爸臉上的笑意更濃了。

而靜修臉上的困惑也隨之加深；心想，哪裡對了？

「靜修，一個人活著，本來就應該不斷嘗試、犯錯。」爸爸說。「會犯錯，代表妳曾經勇敢承擔過責任，比起渾渾噩噩度日，爸爸覺得將責任扛下來的靜修，相當令爸爸覺得驕傲。」

「可是我犯了一個錯，甚至把活動搞砸了！」靜修苦惱地皺起眉頭。

「犯錯有什麼可怕？大家都會犯錯，最重要的是妳從這次錯誤中，學到了些什麼，而且有把握不再犯同樣的錯誤。妳下次還會犯同樣的錯誤嗎？」

「絕對不會！」靜修看著爸爸溫和的表情、擔心自己的眼神，感覺胸口悶了好幾天的那口氣，終於慢慢煙消雲散。

「現在，要不要跟爸爸一起去吃晚餐呢？」爸爸站起身，一副打算往門外走的態勢。

靜修站起身，用力點個頭，在經過爸爸身邊時，輕輕說了句。「爸，謝謝你，不好意思，讓你為我擔心了。」

聞言，爸爸眼中的擔心瞬間一掃而空！

聽爸爸聊過去，會發現爸爸的另一面喔

「哈，哈，實在好奇怪，爸寫情書已經夠奇怪了，還曾經參考過徐志摩？」小初在爸爸身邊的位置坐下，探頭看向爸爸大手中抓著的紙張。「這一切都是為了妳媽……」爸爸黝黑的臉頰居然隱隱透出一抹紅潤。

小初的爸爸是個職業軍人，話不多，講話方式像子彈一樣短卻強而有力，退休後，獨居在老家房子裡。小初住在公司附近的租屋，假日的時候會回家看爸爸，兩人處在一起時沒什麼話題，總是一面看電視，一面吃飯。某個假日下午，小初回家，發現爸爸正坐在客廳地板上，手中捧著一疊枯黃脆弱的紙張，正低著頭，仔細一張、一張翻看。

「爸，你在做什麼？」

她走過去，發現爸爸下意識想把那疊紙藏起來，頓了一下動作，深深看她一眼，聳聳肩。

「我在看自己以前寫給妳媽的情書。」

「情什麼？」小初怔住。

「情書。」爸爸不自在的輕咳了兩聲後，嗓音宏亮地揚嗓。「有那麼不可思議嗎？」

「爸，你——」她用力嚥了嚥。「會寫情書？」

「妳那是什麼眼神，妳老爸也有年輕過，寫點噁心的情書有什麼好大驚小怪的？」

「爸，你自己都說是『噁心的情書』，我好難想像喔！原來平常不苟言笑的爸爸也有詩情畫意的一面。」

「有什麼辦法？誰叫妳媽媽喜歡收到情書，那時候為了把妳媽媽追到手，老爸我可是參考了很多徐志摩。」

小初在爸爸身邊的位置坐下，探頭看向爸爸大手中抓著的紙張。「雖然聽到你親口承認，可是還是覺得好難以置信喔！」

「這一切都是為了妳媽……」爸爸黝黑的臉頰居然以隱透出一抹紅潤。「我剛拿出來看，雞皮疙瘩都掉滿地囉！」

「我可以看嗎？實在很好奇爸的文筆……喔，講到文筆，感覺你好像不是軍人，而是文青……」小初輕笑開來。

「臭ㄚ頭，妳爸是正港的軍人，男子漢！」

那天，他們一起分享了爸爸年輕時所寫的情書，說說笑笑直到很晚……

認真道歉的爸爸

終於，她破涕為笑，還交到了生平第一個至交好友。那天，她仰頭看著爸爸溫柔的笑臉，知道爸爸教了自己一件很重要的事！

她永遠記得發生在自己五年級時的那件事！

當爸爸帶著她到學校，在受傷的同學面前，認真低頭道歉的那一幕，她這輩子絕對不會忘掉。

事情發生在她國小五年級時，某天正在上體育課，一名女同學不知道和自己說了些什麼，兩人一言不合，突然吵了起來！在妳一言、我一句的爭執下，對方一時衝動，伸手推了她一下，她馬上不甘示弱，立刻給予回擊。未料，怒火沖天的她用力過猛，同學往後一倒，後腦撞地，腫成了一個大包！女同學立即嚎啕大哭，她則嚇得愣在當場，許久說不出話來。

當天，爸爸被老師叫到學校來。爸爸輕聲問明了原由，聽過老師的說詞後，在回家路上的車子裡又仔細問過她的說詞。最後，爸爸只丟出一句。「明天我們到學校好好跟對方道歉，這件事妳不要擔心，爸爸會陪妳一起面對它。」

她坐在副駕駛座上，原以為自己會被爸爸狠狠罵一頓，沒想到卻是得到爸爸這樣的回應？正因如此，她心中更加懊悔，一雙小手緊扭著制服裙襬，偷偷抹掉不小心滑出眼眶的懊悔眼淚。爸爸見到她的反應，起先並不說話，直到快到家時，才緩緩說了一句。「明天爸爸陪妳去學校道歉，好不好？」

「好。」她抽了兩下鼻子後答應。

隔天，爸爸果真領著她到學校，當他們抵達教室時，同學的家長正怒氣飛揚的站在教室裡！她畏縮了一下，緊跟在爸爸身後，走到對方面前。爸爸先深深一鞠躬後，認真的向對方道歉，接著，她也向同學誠心道歉。本來想好好一吐怒氣的對方家長見狀，突然不知道該說什麼才好，反倒是受傷的女同學先說話了。

「我也不對，是我先推妳的。」女同學摸摸腦後的大腫包，裂開嘴笑了笑。

「是我不好，就算很生氣，我也不可以那麼大力推妳，我真的覺得很對不起……」

「如果妳真的覺得很對不起我，就要跟我做一輩子的朋友喔，好不好？」女同學牽起她的手，邀她一起打勾勾。

終於，她破涕為笑，還交到了生平第一個至交好友。那天，她仰頭，看著爸爸俯視著自己的溫柔笑臉，知道爸爸教會自己一件很重要的事！

爸爸及時送上的鼓勵

人生中的對手不是別人，而是妳對自己的看法，如果妳不覺得自己做得到，那麼妳就永遠做不到，只有戰勝那個充滿不確定、自我懷疑的自己，妳才有可能完成很棒的事情！

小魚的爸爸很愛下中國棋，對他來說，每一顆將、士、相、車、馬、炮、兵，都是寶貝，一局棋，便是一天下！爸爸甚至從下棋這件事裡頭，領悟出屬於他自己的一套生活哲學。

小魚有個改不掉的缺點，每次有報告下來的時候，她總是會變得很焦慮，當別的同學開始打報告時，她總是先打開社群網站，先跟朋友聊天放鬆一下心情。後來念到了研究所，常常要閱讀整篇都是英文的國外研究論文，小魚英文不好，看見通篇佈滿專有名詞的論文，立刻轉向正在美國念書的朋友求救！朋友英文還不錯，可是看到通篇專有名詞，又沒有該領域相關知識背景，根本很難替小魚翻譯。

結果，報告開天窗，教授對她相當生氣，請她下禮拜再報告一次！小魚爸爸知道這件事後，特地來學校找她，約小魚一起出去吃個飯，也趁機跟小魚溝通這件事。

「小魚啊，可以跟爸爸聊聊，為什麼妳不先試著自己翻譯看看呢？」

「我本來以為找英文好的人幫忙，會比較快……」小魚說這些話時，眼神躲開爸爸的視線，低下頭，覺得很不好意思。

「小魚，這就像爸爸跟人下棋，如果因為害怕會輸，就遲遲不敢與人開始下棋，我就永遠不知道自己的實力在哪，妳懂嗎？」

小魚低著頭，點了兩下。

「下棋其實跟人生很像，只是人生中的對手不是別人，而是妳對自己的看法，如果妳不覺得自己做得到，那麼妳就永遠做不到。只有戰勝那個充滿不確定、自我懷疑的自己，妳才有可能完成很棒的事情！爸爸覺得小魚是個聰明的孩子，一定可以做得到很多事情，所以妳也一定要對自己有信心喔！」

爸爸話說到這時，小魚震驚地抬起頭，看向爸爸。原本以為來責罵自己的爸爸，結果居然對自己說了這番充滿鼓勵的話，小魚心頭一緊，眼淚就這樣嘩啦啦掉下來！

從那之後，小魚遇到自己沒自信可以完成的事情時，總會想起爸爸對自己說的那句話，然後卯盡全力去做。

拍在背部的大掌好——溫暖

她感覺到爸爸小心朝自己走來，什麼話也沒說，只是伸出他的手掌，輕輕拍著她的背部，一下接著一下，緩慢且溫和。

朵飛是個畫家，開過幾次個展，雖賣出過幾幅畫，但買畫的人仍以親戚朋友居多。師大畢業的她一直徘徊在繼續創作或乾脆任教之間，左右搖不定的朵飛，因為遲遲沒有辦法下定決心，決定一個目標，所以內心其實非常痛苦！老師鼓勵她不要放棄自己的天份，但朵飛自己有生活上的考量，理想與現實之間的拉扯，常讓她覺得自己快透不過氣來。

在經過好一陣子的考慮後，朵飛決定再辦一次屬於自己的個展，花了將近台幣十萬塊左右的費用，幾乎榨光最後一絲存款，舉辦了個展。個展當天，朵飛忙進忙出，為了賓主盡歡，特地下重本訂了好吃的茶點。那天終於到來，來的人不少，真正買畫的人卻非常少！

個展結束後，朵飛整個人像消了氣的汽球，手裡抓著快耗盡的存款簿，坐在房裡的椅子上低低哭了起來！從有陽光的白日，哭到大地鋪上黑色布絨，明亮的房間一點、一滴變得晦暗，一如她當下的心境。突然，幾聲恍如遙遠的輕快敲門聲響，喚回她飄遠的注意力。

「朵飛，是爸爸，我可以進來嗎？」

她深吸口氣，不想讓爸爸知道自己正在哭。

「朵飛？」爸爸又緩聲催促了一聲。

「我、我等一下就出去……」朵飛最後從喉嚨裡擠出這句話。

門外靜了一下，就在朵飛以為爸爸離開時，又傳來爸爸的聲音，這一次聲線裡佈滿濃濃的擔憂。

「朵飛，妳在哭嗎？」

聽見爸爸這樣問，朵飛也不知道為什麼，抽了兩下氣，原想止住的眼淚，突然流得更加洶湧！她一手摀著嘴巴，不想讓爸爸聽見自己的哭聲。

「朵飛，抱歉，爸爸很擔心妳，我現在要進來了。」

話一說完，門板被緩緩拉開，外頭溫暖的暈黃燈光灑進房裡，朵飛肩膀不斷聳動，哭得很傷心！她感覺到爸爸小心朝自己走來，什麼話也沒說，只是伸出他的手掌，輕輕拍著她的背部，一下接著一下，緩慢且溫和。爸爸掌心的溫度穿透過衣物，一點、一滴把溫暖重新注入她陰冷冷的體內，直到她慢慢止住了哭聲……

找對路，打開爸爸的內心世界吧！

璦可沒天真到以為老爸的「很好」是真心的很好，因為後來她又跑去問他總共多達21次，每一次都是「嗯，很好啊」。唯一一次例外是爸爸正在看新聞，所以對她說。「我等一下再看。」

爸爸的話不多，也不會試著討好人，他總是一個人，靜靜的，待著，默默吃著他的東西，看他的報紙。媽媽有一次開玩笑說，爸爸有時候就像是家裡的其中一樣傢俱，大家聽了都笑了，只有爸爸竟然一頭霧水地反問。

「這樣有什麼不好？」

大家聽了，立刻笑岔了氣！從那天起，璦可便決定，自己遲早有一天一定要打開爸爸的內心世界，看看裡頭到底裝了什麼東西？璦可沒對人說她把老爸當成一項任務，也可以說是二〇一二年的年度計劃表其中一項，總之，她一個人，默默從事這項事情：打開爸爸的內心世界！

她常拿著自己手邊正在看的時裝雜誌，跑去問老爸意見：「爸，你覺得這件洋裝怎麼樣？」

「嗯，很好啊！」

璦可沒天真到以為老爸的「很好」是真心的很好，因為後來她又跑去問他總共多達21次，每一次都是「嗯，很好啊」。唯一一次例外，是爸爸正在看新聞，所以對她說。「我等一下再看。」璦可試著拿其他東西煩老爸，舉凡任何一種類型的書、財經雜誌、林書豪賽事，通通失敗，最後她被逼得開始拿健身器材、資治通鑑、莊子。

事實最終證明：她拿到徹底完敗！直到有一天，璦可正在房裡聽莫札特的費加洛婚禮，老爸居然走進來問指揮是誰？

「卡拉揚。」璦可馬上回答。

「嗯。」老爸點點頭。「帝王式指揮，嗯？」

「爸，你喜歡——古典音樂？」璦可覺得自己的心臟瞬間震了一下！

「別看妳老爸現在這樣，我大學以前都參加樂隊，負責黑管！」老爸向來如木的臉上，突然出現神采奕奕的光采。從那天起，跟爸爸一樣喜歡古典音樂的璦可，常常拉老爸一起到唱片行，尋找不同版本的古典音樂。回家後，父女倆兩顆頭湊在一起，討論不休！

發現老爸內心世界就是音樂世界後，爸爸立即成為她的良師益友，再也不是家裡的其中一項傢俱。

像超人一樣拯救了自己的爸爸

至於爸爸那天沒吃完的那半碗飯，和那一句「走吧，我們一定要動作快」，從此變成了她回憶裡的寶物。

事情發生在自己高中啦啦隊比賽當日，小乖前一天跟同學們團練到很晚，再加上密集一個多月以來的練習，當天回家後，連飯都沒力氣吃，洗完澡便馬上倒頭大睡。忘記調鬧鐘的她，隔天竟然睡過頭了！

小乖從床上驚醒，看見自己睡過頭時，渾身嚇出一身冷汗。她衝下床，飛快打理好自己，經過餐廳時，傳來媽媽叫自己過去吃早飯的聲音。匆匆說了句「我遲到了」便要衝出家門，為了今天的比賽，她已經練了好久，結果居然睡過頭，當下她心中充滿無比的懊悔。就在這個時候，今天比較晚出門的爸爸，手裡捧著吃了一半的粥，走過來。

「女兒，不吃早餐對身體不好。」爸爸在她身後說，沒聽見她回答，又補了一句。「遲到就算了，下次記得調鬧鐘，不要再犯同樣的錯誤就好，進來吃早點吧。小乖？」

小乖真希望事情有這麼簡單就好了，聽著爸爸的催促，她綁好鞋帶站起來，不敢回頭，肩頭頻頻抽動！

「爸，我、我已經來不及參加啦啦隊比賽了！我練了好久，怎麼辦？還有我同學一定會很生氣！我覺得自己今天的行為很豬頭……哇……」

小乖站在原地一直哭，直到眼前的大門被打開時，她才愣愣的看著前方，赫然驚覺爸爸不知何時走到自己面前。

「小乖，還不快跟上去，爸爸說要載妳去上課喔，叫爸爸開快一點，說不定還來的及喔！」媽媽的聲音從她身後傳來。小乖回頭看見媽媽手中拿著爸爸吃到一半的碗，臉頰不好意思的轉紅，再看向眼前的爸爸時，只聽見爸爸對自己說。

「走吧，我們一定要動作快。」

那天，小乖趕在最後一分鐘加入自己的同學，經過那次的教訓，小乖從此以後，不管有多累，都會再睡前調好鬧鐘再睡。

至於爸爸那天沒吃完的那半碗飯，和那一句「走吧，我們一定要動作快」，從此變成了她回憶裡的寶物。

跟爸爸關係變好的不二法門

大概因為發生過上述那件事，後來小乖跟爸爸之間的感情變得十分親密。

小乖偷偷告訴身邊的朋友們，想要跟爸爸關係變好的不二法門，就是撒嬌跟纏著爸爸說自己的小秘密！只要自己先對爸爸掏心挖肺，通常爸爸也會稍微敞開一點心門，和她聊一些內心深處的小事情喔。

小乖的爸爸，是大家印象中標準嚴肅、有威嚴的爸爸。她說，在自己國中以前，很怕爸爸，不過不是因為被爸爸罵過，或是被爸爸打過，而是很自然的不敢接近爸爸。直到有天，發生了一件原本應該會很慘的事情後，小乖從中發現到一個小道理，從此，他們父女關係立刻完全不同了！

那件事，就是上述的「差點比賽遲到事件」。從那件事中，小乖學到了很多，也獲得了很多，最棒的莫過於發現爸爸其實很吃「女兒愛撒嬌」這一套。

曾經有一次，整個家族所有人在過年期間一起出遊，總共有七、八台車一起行動，為了玩得更盡興，還找來兩位導遊。

未料，導遊安排行程時，忽略過年期間參訪地方開放時間有所變動，當所有人抵達參訪景點時，卻進不去。

導遊搔搔頭，說著「這種事誰也料不到」的話，擺明要推卸責任的態度，讓大家更為火光。

見狀，爸爸當場大發雷霆，場面立刻變得很僵凝！

大家很氣導遊，也很擔心正在氣頭上的爸爸，於是小乖就被媽媽推派成代表，去「安撫、安撫」一下爸爸。

小乖走到正在氣頭上的爸爸身邊，伸手，拉拉爸爸的衣袖，等爸爸回頭看向自己時，可憐兮兮的小聲說了句：

「爸～～你不要生氣了好不好？」

爸爸輕輕嘆了口氣，伸手拍拍小乖肩膀，輕聲說了句。「沒事了。」

後來爸爸回到大家身邊，導遊立刻提出補救方案，還退回部分導遊費用當作道歉，態度一百八十度轉變。

不如意的時候，要看已經擁有的……

現在的小娟在一家外商公司工作，和爸媽住在一起，日子過得平凡卻很紮實。後來，她常說，那杯熱茶溫暖了她的心，而爸爸的那些話真正點醒了她！

小娟出嫁後兩年，因為受不了有暴力傾向的丈夫每天拳打腳踢，終於下定決心離婚，暫時回到爸爸家。離婚後的小娟每天都過得很不開心，手中抱著才一歲多的兒子，每天都很煩惱往後的路該如何走下去？

爸爸把一切看在眼裡，先不動聲色，暫時不想插手女兒處理自己的情緒，直到有一天，女兒胸前背著兒子，雙手提著菜，一回到家，大門一關，立刻攤坐在地上痛哭失聲！爸爸看著小娟哭得很慘，連原本在房間小睡的媽媽也被驚醒，走出來看看發生了什麼事。媽媽見狀，心裡大概有底，默默把菜快速整理好，先替小娟泡了杯熱茶，然後將孫子抱到房裡哄睡。

當爸爸把熱茶放到小娟手裡時，小娟雖止住了哭聲，但仍不斷抽噎著！爸爸也不急，靜靜喝著茶，打算讓女兒整理好情緒後，再開口也不遲。半小時後，喝過熱茶的小娟開始交待自己剛才發生了什麼事。原來剛才小娟坐電梯時，遇到了多事的鄰居，口氣尖銳地問她是不是離婚了，怎麼會回娘家住好幾個月？又問她是不是被拋棄？等等尖銳的問題。

老實的小娟被逼問的毫無退路，心裡感到委屈，回家後精神一放鬆，才徹底失控地哭出來！爸爸起先沒說話，只是靜靜的聽，直到小娟說完話，心情平復不少後，爸爸依然沒有開口。小娟的心靜靜緩和下來，感受爸爸正坐在自己身邊，隱隱傳來一股穩定的安全感，然後爸爸低沉地揚嗓。

「小娟，嘴巴長在別人臉上，不要理會他們，還有不要老是想著自己失去了一個老公，妳要看看自己擁有的，然後好好珍惜。」

「爸，我的婚姻、老公、原本的小家庭都沒有了，我還擁有什麼？」小娟困惑地問，腦子已經開始思考起來。

「妳擁有的東西可多了，妳有一個可愛的兒子，有責任，有更多的機會，有自由，有比之前更安全的生活，還有我跟妳媽，妳擁有這些，還覺得不夠嗎？」

這些話，對小娟來說，宛如一記當頭棒喝！

從此，小娟開始去想，離婚後的自己還擁有些什麼。現在的小娟在一家外商公司工作，和爸媽住在一起，日子過得平凡卻很紮實。後來，她常說，那杯熱茶溫暖了她的心，而爸爸的那些話真正點醒了她！

和爸爸一起把舊東西上的灰塵彈開

她摸了摸拿起來很沉的木盒，聽著爸爸說起阿嬤以前的事，一種家族的歸屬感緊緊盤據在她心底，形成一股穩定的力量！

過年前夕，媽媽在廚房大顯身手，她跟爸爸被指派去整理家裡的儲物室。一堆東西被混亂的擱置著，費盡九牛二虎之力，終於把每樣東西搬出儲物室，打算重新分類放好。塵煙瀰漫的小空間裡，因為她有先天鼻子過敏的症狀，爸爸要她先去把門外那堆東西上的灰塵輕乾淨，自己則待在小空間裡繼續奮戰！

知道爸爸體貼自己很容易過敏的鼻子，讓她心頭頓時一暖，偷偷感謝著爸爸不著痕跡的照顧。半小時後，爸爸把裡頭清得乾乾淨淨，跟她一起站在門口，開始討論東西要怎麼擺才適當、媽媽取用的時候不用爬高去拿。父女倆邊整理儲物室的物品邊虧對方，整理到一半時，她發現到一個奇怪的防潮箱，打開，裡頭有個像古董的盒子。她拿高，問爸爸。

「爸，這是什麼，可以丟掉嗎？」

爸爸看了一會兒，好像想不起來這是什麼東西，伸手接過，打開後，裡頭居然是一個沉木寶盒，爸爸的目光一下子變得很幽遠，摸著裡頭的寶盒，緩緩開口。

「這是妳阿嬤的遺物，不可以丟喔，要給妳當嫁妝。」

「阿嬤的東西？」她也伸手摸了摸寶盒，木頭紋路很深，摸起來的感覺很紮實。

「這是妳阿嬤過世前交給我的，那時候我跟妳媽才剛結婚，根本還沒懷上妳，本來我以為是妳阿嬤病久了，神志不太清楚，可是也不好拒絕她老人家，於是就收下了，一直放在防潮箱裡保存著。」爸爸溫柔地笑著。「說不定妳阿嬤是真的知道我之後會生下妳喔。」

「哇，如果是這樣，那就太神了！爸，你快跟我多說一點關於阿嬤的事情，好不好？我好想知道生下爸爸的阿嬤，到底是怎樣的人？」她摸了摸拿起來很沉的木盒，聽著爸爸說起阿嬤以前的事，一種家族的歸屬感緊緊盤據在她心底，形成一股穩定的力量！

想做什麼，就放手去做吧！

「難道你就不擔心家豪又出事嗎？」一位親戚開口問：「我怕啊！但那是我的問題，如果因為我怕，就不讓家豪做他熱衷的事情，那我還算是盡責的父親嗎？」

家豪很喜歡登山活動，立志在自己五十歲以前，要登越百峰，這是他這輩子最大的夢想。

雖然家裡人反對，但他依舊默默到處登山，這已經是他生命中的一部分，他常說，只有在自己爬山的時候，才會覺得自己還真實地活著！

見家豪如此堅持，家裡人雖然反對，卻也常常睜一隻眼、閉一隻眼，一切隨他去了。

直到有一次，家豪在登山時，不小心滑了一跤，當場小腿骨折，靠著隊友的幫助才順利下山。

當家人趕到醫院探望他時，一個個都勸他不要再拿自己的生命開玩笑，他們都不想失去他這個家人！

聽見大家的話，家豪覺得自己很自私，讓大家替自己如此擔心，他心裡相當難過，可是登山是他人生中唯一的興趣，他只對這件事有極大的熱情。

家豪躺在病床上，心情一天比一天鬱悶，卡在家人的擔心與自己的嗜好之間，讓受傷的他頓時變得更加消瘦、消沉。

他發生意外那幾天，爸爸恰巧人在國外出差。

後來爸爸回國後，間接聽到當時大家對他說的那些話，立刻把當時在場的所有人重新約到家豪的病房。

正當眾人又開始對家豪說：「以後不要再爬山，看看你現在躺在這裡，就知道那有多危險」、「不要再讓別人替你擔心」這類話時，爸爸沉著臉，走到灰暗的家豪身邊，挺身對大家說——

「請大家不要再對我兒子說這種話！我的兒子，我希望他想做什麼，就放手去做！家豪有自己的夢想，他不需要為了你們的擔心，而放棄自己的夢想，這一點，希望大家能夠體諒！」

「難道你就不擔心家豪又出事嗎？」一位親戚開口問。

「我怕啊！但那是我的問題，如果因為我怕，就不讓家豪做他熱衷的事情，那我還算是盡責的父親嗎？」

在爸爸身邊的家豪眼眶泛紅，看著挺身為自己說話的爸爸，他心中頓時盈滿濃濃的感動！

來自爸爸的支持

雖然妳這一去，爸爸心裡會有多擔心，光是現在用想的，我就覺得自己快吃不下飯，可是爸爸還是決定要支持妳，因為爸爸知道，只有讓妳去，妳才會真的感到快樂！

譽唯想要到德國留學，家族裡的長輩們聽到後，無一不反對，認為她能待在台灣好好的，何苦要千里迢迢到個人生地不熟的地方，萬一出了事情，誰能在她身邊幫她呢？譽唯知道家裡長輩們的意思，可是想出去多走走看看的心如此強烈，她甚至有「現在不做，將來一定會後悔」的感覺！

在猶豫不決的那段日子，譽唯心裡很痛苦，直到有一天，譽唯因為心不在焉，發生了一場小車禍，爸爸趕到醫院看她時，對她說：

「小唯，如果妳真的那麼想去就去吧！」

譽唯初聽到時，只覺腦門猛然一震！她看著爸爸不像在開玩笑的臉，輕輕喊出一聲。

「爸？」爸爸伸出手，拍拍她放在棉被外頭的小手，感慨的輕聲嘆了口氣。

「爸爸這陣子看妳過得這麼不開心，心裡也很替妳著急，人生只有這一次，妳想要怎麼過，爸爸絕對支持妳！我不希望我的女兒活到老的時候，心裡充滿遺憾。妳知不知道爸爸在說什麼？」

「爸，我知道你的意思。」譽唯看著爸爸，輕輕咬著下唇，眼眶有淚光，輕點了點頭。

「很好，知道就好。雖然妳這一去，爸爸心裡會有多擔心，光是現在用想的，我就覺得自己快吃不下飯，可是爸爸還是決定要支持妳，因為爸爸知道，只有讓妳去，妳才會真的感到快樂！」

「爸，對不起，女兒不孝！」譽唯咬著下唇的力道緩緩加重，眼神中負載著沉重的壓力。

爸爸低喝一聲，斥道：

「誰敢說妳不孝？爸爸的小唯是全天下最孝順的女兒！妳這一點多少還有點遺傳到我，放著舒適的生活不過，要去國外當窮留學生，爸爸一方面替妳擔心，一方面卻覺得很欣慰，偷偷跟妳說，我年輕的時候，也因為去美國念書的事情，跟家裡抗爭過！」爸爸說到後來，眼角、唇邊盡是濃濃笑意。

「真的？」譽唯詫異地瞪大眼睛。

「當然是真的！話說當年啊，也是只有你阿公贊成我出去……」

那一天，譽唯躺在病床上，聽著爸爸說了好多他當初成功出國留學的事。她看著爸爸說得意氣飛揚的模樣，突然發覺自己原來跟爸爸之間，竟是如此相似……

別人不懂我們不要緊，重要的是——我們懂不懂自己？

要做到這一點，真的很難，但她很高興自己從小就知道這點很重要。如今，爸爸已經過世十多年了，每年清明節她去看爸爸時，都會對爸爸說。「爸，謝謝你，我到現在都還沒有變壞喔！」

爸爸總是喜歡說，人活在這個世界上，每一個人都是孤獨的，正因如此，所以我們這輩子最應該好好相處、用心去認識的人，就是我們自己！

爸爸年輕時，因為不願意配合公司剝削員工利益的政策，毅然決然辭職走人，那時候媽媽對爸爸很不諒解。

因為這個關係，那一陣子家裡的氣氛變得十分緊張，媽媽為了抓緊家裡的開銷，原本一些小小的奢侈享受，都被一一取消了，連鞋子穿成了開口笑，媽媽也是用強力膠黏妥後，用重物壓著修補，要她繼續穿。

直到爸爸找到工作後，家裡才又恢復和諧的氣氛。

以前不懂，什麼叫「這輩子最應該好好相處、用心去認識的人，就是我們自己」？

直到出社會，經過歷練後，她終於有些明白了！

爸爸年輕時，可以忍受家人與上司的不諒解，決心辭職，是因為爸爸早就認清一點：人在做事的時候，應該照著自己的心去走，雖然這樣做，可能平白會讓自己吃上許多苦頭，但人一旦違反了自己的心，就等於把自己變成一個卑鄙的人，不管擁有再多的錢，都只會感到痛苦與悲哀。

雖然她小時候對爸爸的行為，既不諒解也不能理解，但隨著年紀漸長，她終於慢慢了解爸爸當初的堅持有多麼珍貴！

爸爸從來不對她說明自己當時心裡有多苦，只是一遍又一遍提醒著她：「別人不懂我們不要緊，重要的是——我們懂不懂自己？如果一個人連自己都失去，那就真的什麼也不是了！」

現在她終於明白，爸爸所謂的「懂自己」，其實就是要她照著自己的良心去做事。

要做到這一點，真的很難，但她很高興自己從小就知道這點很重要。

如今，爸爸已經過世十多年了，每年清明節她去看爸爸時，都會對爸爸說：「爸，謝謝你，我到現在都還沒有變壞喔！」

孩子，爸爸永遠是你的後盾

直到孩子真的在外頭撐不下去時，爸爸便會張開他的手，等著他的寶貝孩子們回到他身邊。「孩子啊，如果太辛苦，就回來吧！」

每個爸爸的心裡都是很糾結的！

一方面爸爸想像媽媽那樣仔細照顧著孩子、寵著孩子、讓孩子一輩子過上衣食無缺的好日子，可是另一方面，爸爸們的肩頭上，還扛著「養子不教父之過」的重責大任。

當孩子們不知上進的時候，爸爸會扮起黑臉，將孩子往家門外推，期盼孩子們可以成長茁壯，因為爸爸們知道，有朝一日自己過去的時候，孩子們必須依靠自己的力量在社會上立足，自己是絕對沒有辦法照顧孩子一輩子的。

可是，當爸爸狠心將孩子往門外推時，內心卻深深記掛著孩子能不能吃飽、穿暖、生活過得好不好……等等問題。

爸爸沒有辦法像媽媽一樣，總是細細碎碎地關照著孩子，就像電影裡頭演的，當媽媽對孩子說著擔憂的話時，爸爸只能站在後頭，努力瞪大眼睛看著孩子，壓抑自己的情感，堅持住做爸爸的這個角色。

爸爸那些藏在嚴厲表情後頭的心，其實跟媽媽一樣柔軟，也對孩子充滿了愛，只是礙於社會賦予爸爸這個角色的責任，或是爸爸為了孩子的獨立與將來，他必須忍住自己滿腔的擔憂與情感，用表面上看起來似乎有些不近人情的方式，將孩子推遠。

直到有天孩子萬一真的在外頭撐不下去時，爸爸便會張開他的雙手，等著他的寶貝孩子們回到他身邊。

「孩子啊，如果太辛苦，就回來吧！」這是許多爸爸心疼孩子時所說的話，當孩子受苦時，心裡最痛的人，永遠是自己的雙親！

PART 6

爸爸在，不在我們身邊

把握現在，就能減少遺憾，有些事情現在不做，將來便注定要為其背負上沉重的情緒包裹！

被浪沖掉的字，是傳給爸爸的訊息

每當她心情不好時，就會自己開著車，來到當初跟爸爸一起來的海邊，用手指在沙灘上寫字，然後等著浪把這些話帶給爸爸。這一次，她寫得不是生活中的難題，也不是心情低落的原因，而是——

她一個人，站在海邊，想念爸爸的心情，像海浪般一波一波拍打著她的心……

在爸爸還在世的時候，她最喜歡黏著爸爸，每當自己心情不好時，就會請爸爸開車載自己到海邊走走。

說也奇怪，不管原本的心情有多不好，遇到多糟糕的問題，陷進多棘手的情況裡……

只要爸爸開著車，載自己到海邊來，父女倆肩併著肩，一同望向一望無際的湛藍海洋，注視著波光粼粼的水光躍動，她就會突然覺得自己好渺小，自己的問題更渺小！

不管原本事情究竟有多麼嚴重，她都會覺得自己好像吸收了來自大自然的能量，對於接下來要面對的挑戰與難關，都充滿了無比的信心與勇氣。

有一次，她對爸爸說。

「爸，謝謝你每次在我最低潮時，靜靜陪在我身邊，如果沒有你來當我的爸爸，我真不知道自己會變成怎樣？」

「傻女兒，爸爸遲早有天會先離開這裡，到另外一個地方去，那時候爸爸也會靜靜陪在妳身邊，別擔心。」

「可是那不一樣，萬一我想對你說話時該怎麼辦呢？你又不一定聽得見。」

「可以喔，妳可以把要告訴我的話寫在沙灘上，等浪輕輕淹過後，字消失在大海的手掌中，爸爸就一定可以看得見！」

儘管爸爸已經過世十多年，這個消除平常生活中壓力與暫時喘口氣的方法，她依舊維持著。

每當她心情不好時，就會自己開著車，來到當初跟爸爸一起來的海邊，用手指在沙灘上寫字，然後等著浪把這些話帶給爸爸。

只是，這次她寫得不是生活中的難題，也不是心情低落的原因，而是——

爸爸，我好想你，我過得非常好，所以請你一定也要過得很幸福喔！

爸爸的關愛總是如此不著痕跡

整個鐵盒裡，滿滿的都是她的相關報導，不管是報紙，還是學校期刊上的文章與獲獎記錄，爸爸居然都有辦法一一搜集到？她一手摀著嘴，熱燙燙的眼淚突然奪眶而出。爸爸……

在麗雯的生命裡，爸爸已經過世將近快二十年，在很多時候，她幾乎以為自己就快遺忘掉爸爸的模樣與愛時，爸爸的愛總是會以各種形式，再次悄悄闖進她人生裡，令她感動不已！

麗雯的爸爸是個短跑健將，還曾經是代表國家出去比賽的國手，在她小時候，爸爸常逼她練習跑步，所以在大學以前，她常因跑步拿下許多獎項。

大概是爸爸兼教練的關係，麗雯跟爸爸之間始終無法真正親密起來，直到爸爸過世時，她從來沒有在爸爸懷裡撒過嬌！

在爸爸過世二十年時，媽媽把麗雯叫回家，拿出爸爸以前的東西給她看，其中有個已經生鏽的鐵盒吸引她的注意。

「打開看看啊，那裡頭可都是妳爸爸的驕傲喔！」

媽媽坐在她身邊催促，麗雯笑了一下，心想，大概是爸爸當年獲獎的照片或獎狀吧！

結果鐵盒一打開，裡頭根本不是爸爸的報導，連一篇都沒有？

整個鐵盒裡，滿滿的都是她的相關報導，不管是報紙，還是學校期刊上的文章與獲獎記錄，爸爸居然都有辦法一一搜集到？

麗雯一手捂著嘴，熱燙燙的眼淚突然奪眶而出。

爸爸……

「妳爸爸喔，標準的木頭一個啦！在世時，最遺憾的一件事情就是跟妳不親，也說不出好聽話，只會板著臉叫妳練習跑步，其實他最疼的人就是妳……」

聽見媽媽的話，麗雯哭得更加泣不成聲。

她從沒想過，在爸爸過世二十年後，居然還能以這樣的方式，讓她強烈感受到他的愛！

看著那些大大小小的報導與獎狀，麗雯能感受到自己整個人正被爸爸的愛緊緊擁抱著——

原來爸爸曾經為我們考慮了這麼多

「……他永遠把家人擺在自己之前，就算自己的身體已經快要不行了，心裡頭惦記的還是妳的事。」媽媽輕拍兩下她手中的珠寶盒，臉上漾開一道幸福的微笑。「這是爸爸給妳的最後一件禮物，也是爸爸對妳的祝福，妳可要好好珍惜喔！」

瑋真出嫁前一晚，媽媽到她房間裡，親手把一個首飾盒交到她手中，告訴她。

「這是妳爸爸五年前過世前，躺在病床，連說話都困難時，交代我一定要給他辦好的事！」

瑋真困惑地皺起眉頭，媽媽見狀，沒多說什麼，笑了笑，繼續接著往下說。

「妳爸爸過世前喔，什麼話都懶得多說，只交代我要去幫他買一套很棒的珠寶，在女兒出嫁時，要給她當作嫁妝帶過去夫家。妳都不知道妳爸爸有多挑，我得先去找這些珠寶目錄，等他好不容易醒來，神智還算清醒時，才能給他挑。最氣人的是他居然說一定要他點頭才算數，因為這是他要給女兒的嫁妝……」

「爸爸他？」瑋真驚訝到說不出話來。

「當初我就是看中他這點，才點頭嫁給他，他永遠把家人擺在自己之前，就算自己的身體已經快要不行了，心裡頭惦記的還是妳的事。」媽媽輕拍兩下她手中的珠寶盒，臉上漾開一道幸福的微笑。「這是爸爸給妳的最後一件禮物，也是爸爸對妳的祝福，妳可要好好珍惜喔！」

她用力點點頭，媽媽對她笑了一下，又說了一些母女間的體己話後，媽媽便離開房間。

她低著頭，看著珠寶盒久久沒有動作，心跳卻越來越快！

深吸口氣後，她緩緩打開珠寶盒，裡頭躺著一條非常漂亮的珍珠項鍊、耳環、戒指，完整的一整套。

她伸出手，撫摸裡頭每一顆珍珠，指尖感覺到的不只是珍珠的溫度與滑潤，更包含爸爸病重前對她念念不忘的愛……

爸，對不起，以前讓你擔心了

爸爸在電話那頭氣到說不出話來，他掛掉電話後，頹喪到整整三天根本笑不出來。結果，爸爸在那一年過世了。那通電話成為他這輩子最大的痛！

爸爸在世的時候，他常因為工作沒賺什麼錢、感覺自己沒什麼前途，同時也擔心回鄉過年又要被親戚朋友拿去比較，而自動放棄回家過年這件事。

他自己一個人待在難得寧靜的台北市內，一碗接著一碗吃著泡麵，努力不去想媽媽親手做的美味年夜飯，拼命上網玩遊戲打怪！

但那時候他不知道，當自己把除夕夜的年夜飯，變成一場場空洞無聊的遊戲，獨自大口、大口吞下孤單一人的寂寞時，家鄉的爸爸心裡也正倍受煎熬著。

他還記得自己跟爸爸吵最兇的那一年，是他第五年不回家吃團圓飯，爸爸知道後，立刻打電話給他，開頭第一句就是——

「你要不要回來吃年夜飯？」

「不要！」他馬上回答。

那時候的他，根本完全沒有想到這可能是爸爸主動示好的電話，一聽到爸爸中氣十足的吼聲，體內叛逆細胞立刻冒出頭來主宰整場對話。

「你已經幾年沒回來了？生你這個兒子，有生跟沒生一樣！」

「那你就當作自己從沒把我生下來不就好了？」

爸爸在電話那頭氣到說不出話來，他掛掉電話後，頹喪到整整三天根本笑不出來。

結果，爸爸在那一年過世了。

那通電話成為他這輩子最大的痛！

爸爸過世後，他每年清明節跟過年都會回家，抱抱媽媽，再也不理會別人的閒言碎語，只想好好珍惜跟家人相處的時間。

每次回家，他第一件事就是看著家鄉老厝，在心裡對爸爸說聲：「爸爸，今年我有乖乖回來，對不起，以前讓你擔心了！」

MEMO

後記

丟掉逃避面對的藉口，人活在這世上最棒的事絕不是「安全的過完一生」，而是那些該珍惜的人、事、物，我們到底好好掌握住了沒？

學會珍惜，就能減少遺憾——

在我們小時候，為了管教等等理由，爸爸似乎會恪守自己是父親這個角色的分際，擺出威嚴的陣勢，但當孩子們長大時，說不定他也想成為孩子們無話不談的朋友喔。

人活在這個社會上，有太多奇奇怪怪的事物在干擾我們的判斷力，也有許多其實根本不重要的誘惑，阻礙我們去珍惜最重要的東西。

學會「該珍惜什麼，什麼應該放棄」，是一門非常重要的人生課題。

可是在這裡頭，有件需要特別注意的事情——以為爸爸會永遠一直在我們身邊這件事，絕對不是真的！

樹欲靜而風不止，子欲養而親不在。

這句話在很久很久以前，是很多人心頭中共同的痛，在現在也是，相信未來依然也是如此！

這種痛不會隨著時間淡淡散去，反而會慢慢變成一種遺憾，擱淺在我們心口上，在我們最沒有防備的時候，會出奇不意跳出螫痛我們胸口一次又一次。

在很多時候，跟爸爸之間的隔閡、意氣之爭，都源自於自尊與不知該如何破冰。

如果你考慮到的是自尊，這的確是件非常重要的事，但在爸爸與孩子之間，能夠先放下自尊，率先示好的人，由孩子來扮演這個角色，不是比爸爸更為適當嗎？

爸爸在孩子面前，就算兩人吵翻天，轉過身去時，他還是想保護他的孩子，這種心情是全天下父母共同的心情。

自尊是一件非常重要的事，但在親情面前，它是否依然應該位居第一位呢？

如果跟爸爸之間，長期處於一種很有隔閡的狀態，請大膽對爸爸說出自己內心真正的想法吧！

在我們小時候，為了管教等理由，爸爸似乎會恪守自己是父親這個角色的分際，擺出威嚴的陣勢，但當孩子們長大時，說不定他也想成為孩子們無話不談的朋友喔。

在真正嘗試前，請記得永遠不要先放棄，也許在爸爸心裡，很可能已經等著孩子們跟自己聊些心裡話，等了好久……好久……

BOOK 好書×推薦

用小錢滾到第一個100萬

定價NT250元

全彩圖解，為上班族量身打造的致富理財書！

***用圖解理財重新詮釋投資**

從工作上賺錢不難，難的是自己沒有做好理財規劃，本書重新詮釋投資理財的精隨，並且還把這些精隨整理給廣大的投資大眾。

***存一塊錢才是真賺錢**

一般人在進入就業階段，便開始正式接觸理財，金錢的交易行為也較以前頻繁，此時不僅要掌握投資工具或金錢的運用，更要懂得將錢用在刀口上。

***理財致富的獨家祕訣**

經過投資市場風風雨雨之後，作者漸漸明白了投資理財真正的內在屬性，而且還探索出了在詭譎多變的理財環境中，立於不敗之地的獨家祕訣。

Enrich

BOOK 好書×推薦

成功，從微笑開始

定價NT220元

快樂是一種態度，更是一種成功的原動力！

***快樂是一種態度，也是一種能力**

快樂是自得其樂的感受，快樂也是保持幽默的笑容；本書提供釋放快樂的秘訣，不僅針對工作、生活，也關照你全方位的快樂，讓你晦暗的色彩遠離心頭，讓你心靈的角落能天天天藍。

***快樂是建立人脈的第一步**

「物價漲不停，老闆不加薪」，一般人在進入職場時，所面臨的是接踵而來的生活壓力，這時若能時時保持開心的態度來過生活，身邊的人自然願意與你親近，人脈也在不知不覺中建立了。

***找回快樂的獨家祕訣**

經過人生各種風風雨雨之後，作者漸漸明白了快樂真正的內在屬性，而且還探索出了在充滿悲觀的社會環境中，重新找回快樂的獨家祕訣。

Encourage